探究历史

张宜婢／编著

启迪思维

团结出版社

图书在版编目（CIP）数据

探究历史　启迪思维 / 张宜婢编著． -- 北京 ：团结出版社，2023.7

ISBN 978-7-5234-0222-1

Ⅰ．①探… Ⅱ．①张… Ⅲ．①中学历史课－教学研究－高中 Ⅳ．①G633.512

中国国家版本馆 CIP 数据核字（2023）第 112064 号

出　版：团结出版社

　　　　（北京市东城区东皇城根南街84号　邮编：100006）

电　话：（010）65228880　65244790

网　址：http://www.tjpress.com

E-mail：65244790@163.com

经　销：全国新华书店

印　刷：武汉市卓源印务有限公司

装　订：武汉市卓源印务有限公司

开　本：142mm×210mm　　32开

印　张：8.75

字　数：154千字

版　次：2023年7月　第1版

印　次：2023年7月　第1次印刷

书　号：978-7-5234-0222-1

定　价：78.00元

　　作为一位历史教育工作者，我一直思索着如何使学生能够真正领悟历史的道理。我期望学生能够从客观的角度看待历史，以辩证的思维方式去理解历史，并深刻领会历史对我们存在的价值和意义，进而培养学生对历史的自主学习能力及尊重、敬畏之心。历史教育的关键在于激发学生的自我反思能力，提升自我意识，以及正确理解人际关系和事物发展的规律，使学生成为有价值的社会人才。这也是我编写此书的意义所在。

　　本书涵盖了中国古代的历史。自夏商周起，经历春秋战国、秦汉、魏蜀吴、二晋、南北朝、隋唐、五代十国直至宋元明清，力图展现每个朝代的简明风貌及其兴衰故事中的真实与虚幻。对于有争议性的历史人物及事件，甚至电视剧、影片和小说等衍生作品中的误导或曲解，均进行了全面地分析和辩证地阐释，以此帮助读者更加深入地理解历史。本书是比较真实而客观的历史解读，不仅可作为历史教师的教学素材，而且能激发读者自主学习历史、理解历史的热情，引导学生理性地思考问题，形成正确的世界观、社会观和人生观，为国家培养高素质人才奠定了坚实的基础。

C 目 录
ontents

第一章 夏商周

一、夏朝——公元前 2070－公元前 1600

1. 夏朝的起源与兴衰

夏朝是我国历史上第一个世袭制朝代。据《韩非子》记载，禹本应传位于益，但他却禅位于启 —— 禹的儿子，从此，"家天下"成为夏朝的标志。夏朝的领土范围涵盖河南省西部、山东省南部和湖北省北部，向东延伸至河南省南部、山东省和河北省交界处的东部，向北扩展至河北省南部。

夏朝的兴衰史可以分为五个时期：夏名起源、后启开国、太康失国、少康复国和商汤灭桀。司马迁认为，"夏"指的是夏后氏族为首的十二个部族组成的部落，后来以此为国名。

夏朝时期，领袖尧派鲧治理水患，鲧死后，他的儿子禹继续治水，经过十多年的艰辛努力，禹成功地解决了水患问题，为生产力的快速发展奠定了坚实的基础，进而为建立世袭王朝打下了基础。禹死后，他的儿子启继承父位成为夏朝的第二代君王，从此"公天下"变成了"家天下"，世袭制代替了禅让制，这是王位世袭制的开始，标志着人类社会从原始社会进入奴隶社会。启在位期间，致力于加强部落联盟首领的权威。启去世后，太康继位，因贪玩怠政，东夷的后羿在夏民的支持下夺取了政权。太康之子少康成年后，以纶城为基地，招兵买马，发展生产，谋图复国。少康之子"杼"继位，迁都洛邑整兵，讨伐东夷。然而，夏桀继位后荒淫暴虐，十分好色，与各国关系破裂。

商汤在方国部落的支持下于亳城称王，建立商朝，夏朝遂宣布灭亡。夏朝时期，人们的生活受到诸多因素的影响，包括自然条件如"山水林泉"，以及人与人之间的协作和相互斗争等社会因素，所以自夏朝开始，人们逐渐形成了统一的宗教信仰和道德规范，并逐渐发展为一个相对稳定的社会体系。夏朝的建立不仅标志着我国历史上最早的王朝的诞生，也为中国历史上其他王朝的建立与兴衰提供了借鉴。

2. 朝代兴亡的虚与实

随着历史的长河不断地流淌，中国社会也经历了从奴隶制度到封建专制的重大转变。而这一转变也同时预示着君主专制向以民为本的演变过程。在这漫长的历史进程中，文化和教育也经历了从"摇篮婴儿"到逐渐成为"育人导师"的历程。每一个时代都有其辉煌和低谷，也都历经特殊的征程和遭遇。为适应这些变化，不断创新已成为不可逆转的潮流。

夏朝作为中国历史上的一个灿烂时代，孕育了许多卓越的政治家和文化名人，并形成了独具特色的夏文化。然而，夏朝的历史也并不完美，反而经历了不少的痛苦和挫折。例如，"大禹治水九鼎成，万民归启赖贤明"这一节段，歌颂了夏朝时期治水英雄大禹的功绩，但夏朝也遭受了"太康承父家天下，寒浞行奸覆夏庭""颠沛少康兴祖祚，昏庸孔甲匿龙精"以及"桀从妹喜荒淫事，四百四十殿宇倾"等一系列的政治斗争和社会动荡。这些事件不仅对当时的政治局势产生了影响，同时也影响了夏朝文化的传承和发展①。这篇文献详细记述了夏朝的兴起与衰落，为我们

---

① 《史记》中的"五帝本纪"和"夏本纪"章节，[汉]司马迁著，李翰文编，【北京】北京联合出版公司，2016-08.

了解风云变幻的历史提供了珍贵的资料。然而，由于历史悠久，过去的正反面已难以考证，我们应保持审慎的态度，认识到对历史的认知永远不可能完全准确。

在漫长的五千年历史长河中，夏朝是其中的重要一环，也是富有传奇色彩的王朝之一。历史的长河在夏朝的故事中交汇出璀璨与曲折。在著者所阅读的一本学术专著中，作者详尽地叙述了夏朝的种种故事，其中包括妹喜的荒淫行径等内容。

作为学习者，我们需要持续拓展新思想，积极成为新时代的青年代表。然而，在面对历史上的对与错时，我们也需要认知到无法考证到完整的事实。因此，我们应该保持谨慎的态度，并进行客观、准确的历史分析。

◎ 2.1 故事：夏桀和妹喜的故事

据史料记载，夏朝的末代皇后妹喜备受争议，她被认为是女性颠覆者形象的先驱。据说，她拥有令人倾心的容貌。在一首诗中，妹喜被形容为："有着清晰俊美的眉目，她的妆容、服饰美轮美奂，醉人心扉。她的皮肤晶莹剔透，如同雨露滋润。每个人都对她产生了怜爱之情。"妹喜的父亲是有施部落的酋长，当夏桀进攻有施部落时，他为了保护族人，将自己的女儿妹喜献给了夏桀。夏桀深深地爱上了妹喜的美貌，放弃了进攻。妹喜喜欢玩乐，也善于穿衣搭配，在很多时候，她常常化身为武士或帅哥。夏桀和妹喜有很多共同点，从而互相吸引，她很快成了夏桀最宠爱的妃子。

夏桀为了取悦妹喜，不顾一切地修建宫殿，纵情于享乐，而不理朝政。他甚至撕裂了许多完好无损的丝绸，只是因为妹喜喜欢听丝绸破裂的声音。夏桀修建了一个巨大的酒池，希望取悦妹喜，但这导致许多人淹死在里面。他不惜代价，只想让妹喜感到快乐。面对如此荒淫无度的君王，百姓们不敢发作，宁愿逃亡，也不希望留在夏桀统治的国度。因此，妹喜被视为夏朝毁灭的"罪魁祸首"。

关于夏朝灭亡的原因，历史上曾有"间谍说"和"失宠报复说"。第一种是"间谍说"。根据这种说法，商朝的实力日益增强，于是派出了伊尹这位间谍，伪装成夏朝的内应，夏桀对他十分信任。作为回报，妹喜得到了夏桀的信赖。然而，妹喜和伊尹暗中串通，泄露了夏朝的机密，最终推翻夏朝，实现商朝统治的目的。第二种"失宠报复说"的说法是，夏桀一开始对妹喜格外宠爱，但随着时间的推移，夏桀开始寻找新的"猎物"。当岷山氏被夏桀攻打时，岷山氏为了保住自己的部族，效仿了有施氏的做法，将两位美女琬和琰献给夏桀。夏桀十分喜欢这两位新宠，沉迷于对她们新鲜感的追求之中，甚至将她们的名字刻在"苕"和"华"两块美玉上，在这两位美女营造的温柔乡里纵情享受。随着对"新宠"的追求，夏桀渐渐忘记了妹喜，妹喜开始失宠，从而产生了憎恨之情，并想要报复。于是她和商部落的间谍伊尹暗中通信，揭露夏朝的机密，最终导致商汤灭了夏朝，这也成为夏朝灭亡的原因之一。

本书将重点探讨夏朝灭亡的原因，试图揭示历史的真相，同时消除传统观念中对女性的误解。虽然有民间传说和文献记载认为夏朝的灭亡与妹喜有关，但这种说法缺乏证据。妹喜被诟病是因为其享乐、沉湎声色、沉迷饮食等行为，但这些说法过于臆想，反映了历史上对女性的不公正对待。

历史常常出人意料，即使是五千年前的历史也是如此。历史的发展过程错综复杂并充满了谜团和诡谲。在当今时代，许多历史故事的新版本不断出现，讲述许多从未经历、发生或存在的事件。因此，我们需要揭示历史的真相，从而避免谣言传播。

夏朝是一个初创国家，国家体制和经济基础都还未完善，其实，国力弱小是夏朝灭亡的主要原因。《史记》记载，夏朝分封了许多诸侯，包括扈氏、有男氏、斟寻氏、彤城氏、褒氏、费氏等。虽然这些诸侯宗族在夏朝前期给予了很大的帮助，但在夏商斗争的后期，这些宗族的身影变得越来越少。一方面是因为他们自身的衰落，另一方面是因为他们与夏氏产生利益分歧。而分歧的产生也表明夏朝正朝着衰落的方向发展。此外，夏朝时期气候偏暖，干旱气候会导致五谷焦死、河流干涸等现象，对农业生产造成了很大的影响，这也在很大程度上加速了夏朝的衰落。

夏朝的灭亡还与东夷的战争有关。夏桀时期，夏朝的国力开始衰退，诸侯反叛，导致夏朝失去了对他们的控制，诸侯开始独立，夏朝的集权体制开始崩溃。夏桀虽是夏朝的最后一位君主，但其无能只能算是夏朝灭亡的表面原因。如果换上其他人做君王，夏朝的灭亡同样可能发生。因此，将夏朝的灭亡全部归咎于夏桀及其宠爱的妃子等，从某种程度上来说是不公正的。

有些文献中将夏桀描述为一个放荡不羁、过于奢华的国王。夏桀时期，他沉迷于酒色之中，对酒有特殊的偏好，喜欢雇用制作美酒的人。此外，他还让大臣从国内挑选美女，并劳民伤财建造宫殿，以供他和妃子享乐。夏桀甚至挖了一个酒池，将肉堆成山叫作肉山，以供他和妃子们荡舟在酒池和肉林之间。在渴时，他们就喝河里的酒；在饿时，就吃山上的肉。为满足夏桀的口腹之欲，数百万人为他种菜、养鱼、煮饭。此外，他还有一些奇怪的癖好，如他要求酒必须是清澈见底的，而不是浑浊的。由于当时的酿酒技艺水平极低，很多人因酿不出清澈的酒而丧命。

然而，使用过多负面描述会引起人们对其真实性的怀疑。虽然某些学者旨在强调夏桀的道德问题，警醒君主不要荒淫无度，否则有可能导致国家危亡。他们的出发点在一定程度上是合理的，然而，这种做法忽视了对造成王朝兴衰的真正原因的探究和研究，因此无法真正发现夏桀时期存在的实际问题。

在学生学习的过程中，任何错误的历史陈述都有可能导致学生在错误的前提下进行认知和思考。更严重的是，这种错误的认知可能影响学生的价值观，导致未来的判断和分析出现严重的偏差。例如，在夏朝灭亡的事件中，错误地认为夏桀的荒淫无度是导致国家灭亡的直接原因，而忽略了妹喜蛊所产生的一定程度上的影响，种不恰当的历史陈述影响了历史真实地呈现。

二、商朝——公元前 1600－公元前 1046

1. 商朝的起源与兴衰

商朝是中国历史上的第二个朝代，又称殷商，其起源可追溯到公元前 1600 年。商朝是中国历史上第一个有文字记载的王朝，共历时 500 余年，共 17 世 31 王，是中国历史上的重要朝代之一。

商朝经历了三个大的阶段，分别是"先商""早商"和"晚商"。在"先商"时期，商人以玉器、陶器等手工艺品为主要商品进行贸易活动。在这一阶段，商王的权威主要来源于宗法制度和婚姻制度，对于领土的控制主要基于某些贵族的议定和承认。到了"早商"时期，商朝开始实行中央集权制度，王权逐渐加强，成为统一的政治中心。这一时期商王已经掌握了对领土和社会资源的实质性控制，颇具军事扩张的倾向。而到了"晚商"时期，商朝的政治和经济出现了危机和衰落，王权逐渐削弱，周边藩国逐渐崛起。

经历了成汤继位后的衷心拥戴和其他部落的较高评价，商朝定都于亳城，成为中国历史上第二个奴隶制朝代。商朝的出现加速了生产力的发展，推动了古代文明的发展进程。农业和手工业位列发展前列，大量农业和经济作物兴起，因此这段时间被称作"商汤革命"。

商朝的世系可以追溯到东方夷人的一支，商始祖契的出生年代约在夏禹时期。相传一个叫简狄的女人吞服"玄鸟"蛋后，怀孕生下一个儿子叫契，因此玄鸟也被誉为商人的图腾。舜帝统治时期，契曾协助禹治水立下功劳，因此被封于商邑，即今日的河南商丘地区，建立商国。《国语·周语》中提到："契，商之祖也。"

尽管商朝历经九代混乱，最终各国也不再来朝见，史称"九世之乱"，但商朝对古代中国的政治、经济和文化的发展产生了深远的影响。商朝时期的玄鸟文化、商代铜器等文化遗产在中国历史上留下了重要的印记。

盘庚侄子武丁执政时，殷商国势达到鼎盛，进入武丁时代。武丁曾在民间长大，深刻了解民生疾苦，寄希望于振兴国家事业并扩大国土。武丁时期是商代晚期，其文化遗产极为丰富，各领域都取得了重要成就，为西周文明的繁盛和社会生产力的发展打下了坚实的基础。据《尚书》所载，武丁之时商族西迁，取得很好的发展，是商之兴盛之时。①

然而，在商朝末期，特别是祖庚、祖甲以后，国家内

---

① 《国语·周语中》《尚书》

部动荡不安，众多诸侯不断发动叛乱。据《史记》所载，反叛的诸侯多达五百余家。尤其是纣王帝辛时期，他长期征战不仅消耗了国力，更加速了商朝的灭亡。

在混战中，周武王揭竿而起，起兵攻打商朝，于牧野之战中战胜商朝军队。据《尚书》记载，牧野之战中，流血漂杵，周军终于捉到了商纣王帝辛，但他最终逃到鹿台后自焚而死，商王朝正式灭亡，而周朝自此建立了统一的中央政权。

2. 朝代兴亡的虚与实

商朝的起源非常神秘，其中神话文化的作用是不容小觑的。传说中，"天命玄鸟降而为商"，意味着商朝有上天的眷顾，这让人有了更多的理由去敬畏神秘的商朝。商朝历史经历了一个时期的积累和沉淀，最终迎来了政权更迭的时刻。

虽然商朝曾多次迁都，国家在艰难的环境中长期沉浮不定，但恰恰是这种困难的环境造就了中国历史上第一个有文字可考的王朝。这些文字被刻在了许多珍贵的龟甲兽骨上。

回顾商朝的历史，我们不得不赞叹其强大和飞速发展的经济文化，同时也不得不认清它衰落的事实。历史上最后一位商朝君王被称作"纣王"，对他的评价一直存在争议。商纣王开创了新疆，具有清醒的思维和超凡的魅力。但最终，他还是成了亡国之君，这或许正是历史的无情选择。

商朝的故事丰富多彩，许多关于纣王和妲己的故事流传至今。然而，这些故事的真实性仍有待进一步的研究和探索。

◎ 2.1 故事：商纣王和妲己的故事

在古代中国历史中，有很多与周朝末期最后一位暴君纣王和他的妃子妲己有关的传说。其中，有一段描述妲己勾引纣王沉迷于她的美貌以及忽视百姓疾苦的罪恶行径。《史记》记载，妲己喜欢一种残忍的刑罚"炮烙之刑"，她命人将铜柱涂上油，点燃火炭，将罪犯扔在上面，待其无法忍受时，便跌落火红的炭中，被烧伤或死亡。

然而在小说《封神演义》中，妲己原本是一个单纯善良的女孩，但进宫后被一个狐狸精附体，变成了一个妖艳的女子，成了一名间谍。不过，这个故事不应被当作历史真相，因为该小说是一个神话故事，小说作者对于人物进行了改编和再塑造。

除了小说，还有一些流传于民间的传说，描绘了商朝时期纣王和苏妲己的残忍与暴虐。据传，纣王为了迎合妲己的喜好，收集了许多奇珍异兽，并将其藏于鹿台和鹿园之中。他每日沉湎于放荡和酗酒之中，国事被荒废。据一些传说，一个寒冬中，妲己看到一个赤脚男子在冰面上行走却不感到寒冷，于是命人将其抓住并割去双脚进行研究。在另一次施虐事件中，妲己看到一位孕妇，便命令纣王将其肚子剖开查看。

苏妲己在这些传说中被描绘为一个蛇蝎美人。据说，她曾怂恿纣王杀死自己的亲叔叔比干，并挖出比干的心脏来验证"圣人有七窍玲珑心"的说法。此外，还有一次据说纣王与妲己打赌，称其能够透过孕妇的肚皮看到婴儿的性别，最终导致十余名孕妇和婴儿因验证过程而死亡，引起了广泛的关注。这些民间传说虽然没有正式的出处，但都反映了当时的人民对于纣王暴政和妲己残忍行径的愤慨与强烈谴责。

然而，这些传说都没有实际证据的支持，只是为了解释商朝灭亡的原因而将纣王和妲己的名字与历史事件联系起来。事实上，根据考古学家在河南省安阳市小屯村挖掘出的殷商时期的文物，我们对于纣王和妲己的真实面貌有了更加接近事实的认识。

纣王的真实名字是"帝辛"，而商朝灭亡的主要原因是他长期的昏庸无道和横征暴敛的暴政，导致各诸侯国联合起来抵抗，牧野之战也加速了时代更替。纣王被描述为沉迷于酒色，残杀叔父比干的事件也有记载。此外，商朝迷信神问卜吉凶，妲己只能在部分事件的决策上进行干预，影响力有限。

商朝迷信鬼神，举行祭祀活动，载歌载舞、饮酒欢唱，使帝辛渐渐迷失自我，沉溺于妲己的美色之中。商朝的新都城朝歌建造完成，许多有才华的人涌向朝歌，使它成为繁荣的地方。周灭商并不是单纯由妲己个人的行为所导致，而是基于政治发展和个人仇恨的复杂结果。历史记载中，对妲己的丑化只是政治手段之一，她被用来承担商朝灭亡的责任，却并非唯一原因。

三、周朝——公元前 1046—公元前 256

1. 周朝的起源与兴衰

根据史书《史记·周本纪》记载，周族是生活在今陕甘黄土高原与渭水流域一带的远古部族，相传因"姬水"而得姓于姬，周的始祖名弃，因郘氏女姜嫄之故而生。作为中国历史上继商朝之后的第三个奴隶制王朝，周朝共经历了 32 代 37 位君主，享国共计 790 年。周朝分为西周和东周两个时期①。

◎ 1.1 西周：公元前 1046—公元前 771

周朝的盛世始于周文王姬昌时期，他在位期间逐渐夯实国家实力。周文王去世后，由次子姬发继位，并率领军队讨伐商朝，周军大获全胜，商朝灭亡，周朝建立。公元前 1045 年，周朝开始实行分封诸侯制度，对皇族及功臣进行大规模封赏。公元前 1043 年，周武王去世，由其子诵继位，即周成王，在周公旦的辅政下治理天下。公元前 1021 年，周成王驾崩，由其子姬钊继位，被尊为周康王。在此期间长达 46 年的"成康之治"时期，天下安宁，刑罚几乎不用。经过昭穆时代，周朝的实力逐渐衰退，而西北方的戎狄逐渐兴起。周厉王时期，连年战乱，百姓深受其害。公元前 828 年，周宣王即位，平定战乱，拓展疆土，使周朝焕发出新的活力，这一时期被称为"宣王中兴"。然而晚年时期，周宣王干涉诸侯的政治内政，失去了诸侯的拥戴。公元前 781 年，周幽王继位，宠爱褒姒，征六济之戎而失利，同时天灾频繁出现。后来干脆罢黜正室和太子，改为立褒姒为后妃，其子伯服为太子。最终，周幽王

①《史记·周本纪》司马迁著，陈寿等续修，中华书局影印版。

被犬戎所杀，西周灭亡于公元前771年。周朝历经盛衰，但其发展的历程和治国方略影响了后来很多的王朝。

◎ 1.2 东周：公元前770—公元前256

周幽王遇害后，各个诸侯国推举周幽王之子宜臼为国君，即周平王。周平王迁都洛邑（即今天的河南洛阳），于公元前770年开始，东周时期于公元前476年结束，这也是春秋时期。春秋时期，许多大的诸侯国竭力割据更多的土地，争夺更多的人口和对其他诸侯国的主宰权。当一个诸侯国获胜时，会召集其他诸侯国开会，强迫其他诸侯国承认其"霸主"地位。

公元前475年到公元前221年属于战国时期。在春秋时期长期的激烈争霸之后，形成了七个主要的诸侯国，它们是齐、楚、燕、韩、赵、魏和秦，这七个国家也被称为"战国七雄"。公元前256年，周赧王听信楚考烈王的话，召集其他六个国家共同出兵伐秦，但由于六个国家之间的互相不信任、不配合，这场战争以失败告终。最终，秦灭了西周公国，周赧王去世。

2. 朝代兴亡的虚与实

周朝是中国历史上统治时间最长的封建王朝，历经八百余年的漫长历程，流传着"文王拉车八百步，姜子牙保周八百年"的传说。然而，周朝的存在并非依靠单一英雄人物的努力，而是依靠一代代天子和百姓的共同努力维持存在。

周幽王被杀之后，天下共主的时代结束，真正意义上的周朝仅仅存在了不到三百年的西周时期，东周时期只不过是周朝的一个演变。此后，大国诸侯常常"挟天子以令诸侯"，导致春秋战国时期的到来。

尽管东周只是表象，但对于各国而言仍然起到相对制约的作用。周王室作为天下的代表，使诸侯国不敢贸然侵犯他国。这种复杂的关系使得周王室能够在苟延残喘中存活五百多年，直到秦国统一天下。

◎ 2.1 故事：褒姒故事

褒姒，是周朝末年备受瞩目的女性人物。她是周幽王的王后，因"烽火戏诸侯"而广为人知。她拥有天仙般的容貌，美得让周围的诸侯都传颂不已，追求者络绎不绝。但当时的形势却并不允许她随意选择伴侣。她深知各国之间互相攻伐的局面，因此只能保持冷漠，不给任何人机会。但这种态度却适得其反，更多的人开始认为她是一个倔强的女性，于是更加执着地追求。

当时的周幽王是一个声色犬马、奢侈无度的君王，他对国家的朝政事务毫不关心，他大肆任用奸臣、打击良善，苛捐杂税，让百姓们生活贫困无助。最终天不容忍暴政，一场连年的大旱降临，百姓们的生活愈发艰难。更糟糕的是，关中地区还发生了地震，让他们雪上加霜，生活陷入了彻底的困顿之中。

在这种时候，一位名叫褒珦的大臣挺身而出，他无法容忍眼前的局面，敢于向周幽王建议相助那些流离失所的百姓。然而，周幽王却对褒珦的忠告完全不以为意，反而认为褒珦是在挑战他的绝对权威。他大发雷霆，将褒珦拘禁在大牢之中。

褒珦在狱中被囚禁了长达三年之久，而褒国的居民们却尽全力向他施救，但一直未能寻到适当的机会。后来，褒国民众得知周幽王正在到处寻找美女，以充实他的后宫，他们的机会来了。于是，他们派来了褒国最美丽的姑娘褒姒，让她歌舞弹唱，试图把她送到周幽王的面前，以此换取褒珦的释放。

这种做法奏效了，周幽王一见到褒姒，就被她的美色震撼，惊为天人。他非常喜欢她，甚至封她为妃。对于褒珦，他也不再追究责任，下令将褒珦释放回褒国。

不过，褒姒获得入宫的机会后，很快便意识到了周幽王对自己的特殊待遇。周幽王赏赐她各种礼品，整日陪伴在她身边，对政治事务更加放任不管，开始过起了奢靡的生活。褒姒原本就有众多的追求者，现在再次作为政治牺牲品，被献给了昏暴的天子，使她感到愈发郁闷。尽管周幽王尽力讨好她并送上最好的东西，但都未能使她心情好转，更不用说给周幽王一个笑容了。为了解决这一难题，周幽王发布天下悬赏令，只要谁能让褒姒开心一笑，便可获得千金重赏。然而，这种毫无意义的命令使得朝中大臣和百姓们倍感失望。天子的诏令发布了很长时间，却始终没有人前来献策。

在此时，得到周幽王信任的谄媚奸臣虢石父提出了一项计策，希望能够让褒姒开怀大笑。虢石父的计策是在烽火台上放火。虽然周幽王没有理解点燃烽火台的后果，但他还是高兴地接受了虢石父的建议，并亲自带着褒姒登上了烽火台，命令士兵燃起了烽火。烽火台上一座接着一座起火，冒着浓烟，虽然褒姒感到这一奇妙场景的新鲜，但她还是无法真正打破内心的悲痛，仍然陷入不堪回首的境地。

不久之后，各个诸侯国看到警报的狼烟，以为犬戎入侵都城，周幽王陷入了危机，于是，他们纷至沓来，带着自己的士兵前来营救。当他们到了骊山脚下时，并没有看到犬戎士兵攻进城墙内，反而听到山上传来欢歌笑语，远远望上山，原来是周幽王和褒姒在山上畅饮、畅游。

周幽王的臣子向诸侯解释，这只是他们想让王妃开心的小游戏，并没有犬戎兵进攻。得知自己被戏弄，许多诸侯感到不满而离去。褒姒在山上看到诸侯轻信周幽王的口令，感到十分痛快，不由得露出了微笑，更显她的美丽动人。

周幽王见到褒姒露出笑容，十分高兴，便赐虢石父千金。此后，他多次点燃烽火来取乐，但周边的诸侯们逐渐失去对周幽王的信任，最终不再赶来。周幽王失去了这个取乐的方式，于是试图用新的方法来取悦褒姒。他废除了当时的王后和太子，重立褒姒为王后，把他们的儿子任命为新太子。为了彻底消除旧事的印迹，周幽王还下令剥夺了原王后父亲的爵位，并放言要出兵讨伐他。王后的父亲申侯得知后十分愤怒，决定率诸侯和犬戎之兵攻打镐京。

周幽王得知敌军进攻的消息后十分害怕，于是令士兵点燃烽火，希望邻国的诸侯能前来救援。然而，即使烽火一座接一座被点燃，白天尘烟弥漫，夜晚火苗冲天，却没有一个救兵赶来。原因在于，诸侯误以为周幽王又在取乐，因此没有理会。此外，在长期受到周幽王残酷压制的情况下，镐京城内的士兵们早已怨愤填胸。等到申侯和士兵攻城，他们纷纷散去，没有任何抵抗的意思。

进攻镐京的敌军轻易地攻下了城池。周幽王见大势已去，便带着褒姒和他们的儿子狼狈逃到骊山。但周围的犬戎兵紧追不舍，侍卫们尽皆被杀，周幽王及其儿子惨遭杀害，褒姒被俘虏。这一事件代表了西周统治的彻底结束。①

3. 学习夏商周历史受到的启发

以往有说法认为，西周灭亡是因为周幽王沉溺于美色，痴迷于烽火戏诸侯的游戏中，被褒姒所蛊惑。然而，这种说法过于简单。实际上，在西周灭亡之前，国家内部已存在深刻的政治、经济和社会问题，包括周幽王的荒淫无度、民不聊生的局面，以及内部矛盾的积累和国家虚弱。即使没有褒姒的影响，西周也注定会被其他强势势力所取代。因此，我们不能将西周的亡国全部归罪于特定的女性。

历史上，将责任推卸到女性身上的现象并不罕见。实际上，"祸水"这一称谓往往是指控无辜女性的。这些女性通常代表着为国家政治而牺牲的女性，却被强行绑定到某些特定事件上。古人常常忽略了这些女性背后的男性，这些男性往往是历史的实际参与者与决策者。如果这些君王能够勤政爱民、兢兢业业，国家怎么可能陷入灭亡的境

---

① 《史记·周本纪》：司马迁著，陈寿等续修，中华书局影印版第38-39页。

地呢？因此，我们需要在研究历史事件时，摒弃单纯的、片面的观点，反思造成历史事件的复杂因素。

古人说过："得民心者得天下，失民心者失天下。"正是因为失去了民心，夏朝才最终覆灭。虽然夏朝是中华民族历史发展的重要进步，但其本质上是原始社会后期，原始氏族贵族侵吞公共财产为私产的产物，也是原始社会向阶级社会转变的转折点。

商朝的覆灭是一个错综复杂的过程，各种因素相互作用导致了最终的结果。帝辛等贵族昏庸无道，嗜好奢侈，虐待奴隶，甚至滥杀无辜，激起民怨，其他部族难以忍受，相继反抗。此外，上层贵族内部矛盾激烈，政治腐败，社会矛盾尖锐，商王朝的统治也随之走向衰落。许多贵族互相争斗，最终投效周武王等反对派。同时，内部混乱使得周边部族趁机而起，周朝便在此时崛起，与商汤灭夏的情况非常相似。

除此之外，帝辛频繁征战，实行分封制度，不仅向本地统治者征税，还要缴纳商朝皇室的税款，这种重负使百姓疲惫不堪，怨声载道。周武王则更注重农业生产和军事发展。趁着帝辛讨伐东夷之机，他精心策划，成功地发动反商起义，推翻了商朝的统治。

我们探讨下周朝灭亡的原因。周朝历史可分为西周和东周两个时期。西周灭亡主要原因是战争和内部矛盾的不断积累，周王朝长期与邻国作战，国力不断耗损，人民生活困苦，王权权力失去了对诸侯的控制。其次，周王朝的经济基础开始崩溃，无法维持王室的统治。东周灭亡的原因则主要在分封制度的失效。尽管分封制度说明天下归属于君主，但这也导致周王室对土地的控制力下降，封地落入诸侯之手，诸侯实力逐渐强大，而周王朝对地方的控制力却不断削弱。

历史长河滚滚向前，许多事件和现象在不同历史时期都会重复出现。诸如地方诸侯崛起的现象。在封建时代，周天子通过对领土进行分封，削弱了对地方的控制力，并逐渐失去对诸侯的约束力。天子不得不依赖于诸侯的支持来维持政治稳定，这种依赖关系往往导致天子沦为诸侯的傀儡。同时，诸侯也常借用王室的名义"挟天子以令诸侯"，扩大自己的影响力。

然而，历史的循环并不意味着历史不会改变。历史是一个不断变化、不断发展的过程。如今，我们看到许多"历史新面貌"的出现，这些"新面貌"标志着历史正在发生前所未有的变化。我们应该保持警惕，揭示历史中的真相。

历史是人类社会发展的记录，它揭示了一个国家、一个民族、一个朝代的兴衰成败。通过对历史的深入了解，我们可以看到一个朝代在经济、政治、文化等各个方面的发展状况，以及这些方面之间的相互影响和制约。

夏朝是中国历史上的第一个朝代，也是一个初创国家。夏朝时期，由于国家体制和经济基础都未能确立稳固的基础，因此尤为容易被外部势力所削弱。而这也是夏朝兴衰的一个重要原因。

夏朝建立之初，国力相对较强，这主要得益于它对周边地区的控制和统治。夏王朝的统治者建立了强大的中央政权和完善的官僚制度，使得国家能够有效地管理和控制各个地区。同时，夏朝时期的农业生产和手工业生产也相对繁荣，这为国家的发展提供了重要的物质基础。

然而，夏朝的国力也面临着一些内外因素的影响。首先，由于夏朝的国家体制和经济基础尚未稳定，国家的统治者经常面临内部争斗和分裂，这使得国家的政治体系不够稳固。其次，周边的游牧民族势力不断增强，对夏朝的领土和居民进行侵扰和掠夺，这在一定程度上削弱了夏朝的国力。此外，夏朝时期的自然灾害和社会动荡等因素也加剧了国力的衰退。

一个朝代的兴衰往往与国力的强弱有关。夏朝作为中国历史上的第一个朝代，其建立和兴盛与国家体制和经济基础的建立密不可分。然而，在历史发展的长河中，夏朝的国力也受到了内外因素的影响，最终走向了衰落。通过对这段历史的了解，可以更好地认识和理解一个国家、一个民族的发展变迁，更好地应对各种挑战和变化。[①]

4. 学史明理

◎ 4.1 教师在教学过程中应该注意的细节

夏朝的历史记载相对较少，而很多人所知道的信息都是流传下来的神话和传说，因此老师在教学过程中需要注意正确区分历史信息来源的真实性，以避免传授错误的历史知识给学生。

商朝的历史知识可能会受到电视剧《封神榜》这样的文艺作品的影响，导致学生对于商朝人物和事件的认识出现偏差。因此老师需要引导学生对历史内容进行正确的分析和理解。

周朝的历史延续时间较久，不同时期的人物和事件关系相对较为复杂。老师需要帮助学生正确分析和理解周朝的时间阶段，以及对应的人物和事件。

◎ 4.2 如何激发学生学习历史的兴趣？

学习历史不能只凭借死记硬背。历史是过去发生的事

---

① 引用了《史记》李斯列传和《史记》周本纪的相关章节。

情，无法被篡改，也不能以个人的主观意愿杜撰或改变历史。在教学过程中，老师应该引导学生进入历史的世界，去感受、了解历史中的人物和事件，从而加深对历史知识的印象。

在教学过程中，也可以采用多种方式来进行有趣的教学。例如，让学生在某段历史时期中扮演不同的人物角色，从而深入了解历史人物的特点和性格，进一步感受历史的真实性。

另外，引导学生多观看有关历史的纪录片，从音像方面了解历史，更能激发学生对历史的兴趣。同时，带领学生参观博物馆等展览，亲身感受历史的存在和真实性，也可以增强学生的历史感悟和兴趣。

"我曾经多年从事教学工作，凭借丰富的教学经验积累，我发现许多家长和学生把历史仅仅归为文科范畴。文科的学习常常依赖死记硬背，重复记忆能够使知识深刻印入脑海，但是这种学习方式偏离了学习历史的真正意义。从思维的角度来说，学习历史意味着运用历史知识观察整个事件的发展，并分析它们发生的原因和结果。这种思维方式需要培养逻辑思维，因此说，历史学习不仅仅是文科的学习，更是一种综合性的学习。历史是一个国家厚重的文化，经过长时间沉淀形成的宝藏。借古论今，总结过去，若要开启更好的未来，我们必须从历史中学习。初次带领学生时，我也曾面临许多学生轻视历史的现象，冥思苦想了许多提高学生历史认知的方法。尽管兴趣是最好的老师，但如何让学生产生兴趣却不是件容易的事情。我曾经尝试使用电视剧、电影片段来展示历史，以激发学生的兴趣。但是在整理影视素材的过程中，我发现很多影视内容与真实历史相悖。此问题深深地震撼了我。"

　　我们所接受的历史教育始终是建立在可靠的史书基础上的。但是，像电视剧《封神榜》这样带有神话和传说元素的作品，却使人们对历史事件产生了偏差的认识。对于周武王灭商这一事件，我们更多的是通过这种影视剧来了解的，而这种错误的认识让我们无法完全理解商朝覆灭的原因和周朝的兴起过程。另一个问题是，我们对某些朝代或某一时期的历史了解还不够深入。比如，我们对夏朝的文化及历史已知甚少，而夏朝也带有神话及神秘色彩。这些都阻碍了我们更加深入地了解真正的历史发展。

　　虽然影视作品中存在历史错误，但这并不意味着不能将其作为教学素材。通过使用这些作品，我发现学生们对历史有着较浓厚的兴趣，这也启发了我的教学创意。我经常会使用一些历史小故事或大家熟知的影视片段，辅助教授历史知识，帮助学生了解接近史实的历史事件。其中符合史实的故事或片段使学生们得到娱乐的同时也有益于历史知识的学习；而对于那些偏差的史实内容，我会做重点标注，并引导学生思考其中哪些是错误的。之后，我也会进行详细分析和解释，让学生们了解真正的历史记载。这样，学生们也可以更加全面地理解历史事件，甚至对那些以前认为的"历史"有了新的认知。经过试验，这种教学方式显著提高了学生们的历史兴趣和认知。

在探究历史的过程中，我们深刻认识到接近历史、感受历史的重要性。尽管我们从书籍、图像中认识了大量的历史文物，但它们大多只是平面静态的图像，无法满足我们对历史实物触感的需求。然而，当我们亲眼所见古陶碗、千年种子、青铜器等历史文化遗存时，我们就能够跨越时间的障碍，与历史真正地接触。这样的体验更为深刻，也更加具有意义。因此，我强烈呼吁年轻人踏进历史博物馆、文物展览和历史遗址等场所，丰富自己的历史知识，增长见识。

我曾组织学生参观当地博物馆。这个博物馆规模不大，很少有游客，但是每一个展品都受到了精心的保护，每一件展品都代表着该地区的历史文化。这次活动对学生有着深远的影响，许多学生表达了他们过去未能真正认识自己成长地的感受。他们通过展品的演示，看到了历史重现的画面，了解到几百年、几千年，甚至几万年前的历史，这让他们感受颇深，这些历史将长久留存于他们的心中。我们都不得不感叹，千百年前的土地和当下发生的巨变，这些都是历史的铁证，探究历史的真相因此才能更深入地展开。

当我们站在千百年前的物品面前时，穿越历史的感受更加真实而深刻。在央视的《国家宝藏》节目中，有一期节目讲述了秦始皇陵兵马俑，其中一个摄影师在清晨时拍到了秦俑嘴唇处的一个指纹，这是几千年前制作秦俑的匠人的指纹，经过几千年的时间，依然清晰可见。这个故事深深地打动了摄影师，也让我们更好地理解了为什么要学习历史、了解历史。历史是一种见证，是一种认知，同时也是了解过去的机会。

近年来，"穿越"成为各类影视剧的热门话题。然而，这些穿越剧经常借用历史背景，纯粹是为了娱乐，与真实的历史相去甚远，故事情节也大多以感情为主线，难以准确展现当时的文化和历史背景。可是，这样的剧集却深受学生喜爱。这也给我提供了一条新思路：通过角色扮演，与学生一同打造历史穿越课堂，让学生亲身体验穿越的情境，同时扮演一些历史人物，了解当时的人物心理和社会情景。这类活动既具有教育性，又充满趣味性，非常适合青少年学生。

学生们想要真正地贴合历史人物的角色，必须具备对历史人物、事件和文化的全面了解。角色扮演是一种既锤炼自身知识总结和历史探索能力，又能增强学生学习历史兴趣和提高自信心的活动。在学习过程中，兴趣是至关重要的因素，更是学生学习历史的重中之重。历史学习不应只限于死记硬背，它需要深刻理解，趣味学习，多角度思考互动，并从历史中吸取经验。这才是我们学习历史的真正目的。因此，在进行角色扮演的过程中，了解历史人物及相关事件和文化的全面性，尤其是避免流于表层，是必不可少的学习历史不应仅仅是死记硬背，而是需要深入理解、富有趣味和互动，激发学生对历史的兴趣，提高学生的自信心。兴趣是学习的重要动力，让学生在快乐的学习氛围中获取学习历史的真正价值。

第二章 春秋战国

一、春秋：公元前 770－公元前 476

1. 春秋的起源与兴衰

自古以来，武王伐纣的壮举，一直被传颂。他沉重打击了商纣王残暴的统治，并创建了西周。西周靠周礼和血脉宗亲治理天下，使得天下得享三百年太平。然而，在西周末期，周幽王废黜了王后申后和太子姬宜臼，并立宠妃褒姒之子为太子。

公元前 771 年，申后之父申侯联合西夷犬戎杀死了周幽王。各路诸侯拥立姬宜臼为天子，后称周平王。随后，周平王将国都东迁至洛邑，东周的历史序幕由此开启。因此，东周可分为春秋和战国两个时期，共持续了五百多年。

公元前 221 年，秦灭六国，一统天下，中国进入了第一个大一统时期，结束了诸侯割据称雄的局面。春秋时代持续了将近三百多年，而在此期间，诸侯国之间频繁发动战争，争夺霸权。期间，小诸侯国被吞并逐步退出历史舞台，大诸侯国在局部实现了统一。春秋五霸，是指历史上春秋时期五位实力最强、对历史发展贡献最大，最具代表性的国君——齐桓公、宋襄公、晋文公、秦穆公和楚庄王。

春秋时期初期，郑庄公的势力和权力鼎盛至极。然而，周平王欲让渡部分权力与虢以制衡郑国，这让郑庄公不满。周平王被迫与郑国互换人质来平息其愤怒。随后，周桓王分权与虢，但不让郑参与朝政，使得郑从此对周王不礼。周桓王带领王室军队与四个国家军队（卫、蔡、陈、虢）组成联军，讨伐郑国。结果，周战败，周桓王被郑军射中肩膀。至此，周王室威严尽失，而郑庄公威震天下，与各大国结盟，被后世誉为春秋小霸。公元前 701 年，郑庄公去世，郑国很快衰落。

公元前 686 年，齐国政局混乱。齐襄公的堂兄公孙无知杀了齐襄公，自立为君。次年，公孙无知被雍禀杀死。齐桓公姜小白希望回国继位，而鲁国也正护送公子纠回来夺取王位。公子纠派管仲刺杀公子小白，但小白被射中衣带，假装死亡逃脱，顺利回国。齐桓公即位后，他以尊王攘夷为旗帜，借助管仲之力，九合诸侯，治理天下。在葵丘之盟后，他的声望登峰造极，成为五霸之首。但是，管仲去世后，齐桓公任用小人，齐国动荡。

公元前 643 年，齐桓公病逝，齐国内部陷入混乱。

公元前 642 年，宋襄公率领卫国、曹国、邾国等四国部队进入齐国平乱，拥立齐孝公即位，使其声名大噪，怀抱与齐桓公一般的抱负。公元前 638 年，宋襄公率领军队发动对郑国的讨伐战，结果与前来援救的楚军在泓水交战，然而宋襄公出于仁义，待楚军列队完毕后才开始战斗，结果遭受惨败。次年，宋襄公因伤重去世。[1]

公元前 660 年，秦穆公登基后，任用百里奚、蹇叔等贤臣。在秦穆公十三年，晋国遭遇旱灾，于是秦国便向晋国运送粮食。其后，在秦穆公十五年，秦穆公亲自率军攻打晋国，并俘获晋惠公，但最终却将其送回晋国，并与晋国结盟。直至秦穆公二十四年，他扶持晋国公子重耳为晋文公，并与晋国共同出兵讨伐郑国。然而，在烛之武的劝说下，秦国改为与郑国结盟。公元前 621 年，秦穆公去世。

公元前 636 年，晋文公登基。在晋文公二年，周朝王子带发生叛乱，晋文公护送周襄王回到洛邑，并消灭了王子带。此后，晋文公打出尊王的号召，五年之后，他在践

---

[1] 长河史鉴. "宋襄公筑台望母的故事你知道吗？" https://www.toutiao.com/article/6739494219573903884/?&source.

土之盟上被周襄王封为诸侯首领，自此以后，晋文公成了霸主。

公元前 613 年，楚庄王熊旅登基，他任命孙叔敖为令尹，国力不断增强。楚庄王在邲之战中大获全胜，随后灭掉萧国、讨伐宋国，最终让楚国成了霸主之一。在春秋时期的尾声，公元前 522 年，楚平王杀死了伍奢，这使得伍奢的儿子伍子胥逃亡至吴国。他帮助公子光请刺客专诸刺杀了吴王撩，于是公子光登基成为吴王阖闾。伍子胥协助吴王阖闾不断对付楚国，最终在公元前 506 年，将军孙武率领吴军攻破了楚国都城郢。并且，伍子胥还挖出了楚平王的尸体进行了鞭尸。同时，在这一时期前后，老子与孔子完成了三次会面交流。

公元前 481 年，齐国田家第八代首领田成子杀死了齐简公，并立其弟为齐平公，自己则称为太宰。孔子得知后非常愤怒，并请求鲁哀公讨伐田成子，但并没有得到支持。因此，孔子只能无奈地说："吾道穷矣。"春秋的历史在公元前 481 年这一年画上了句号。春秋时期的结局，各学家有各自的说法，本书沿用了名字由来的说法，并以鲁史《春秋》绝笔的年代作为春秋的结尾。

2. 朝代历史的虚与实

在中国史上，春秋时期是一个极为特殊的历史时期。后世通常用"礼崩乐坏"来形容春秋战国的社会现象。实际上，这种描述并不完全贴切，因为"礼崩乐坏"并非是一蹴而就的，在春秋的历史进程中，这种现象是一个长期逐渐演变的过程。周礼是对人性的一种压抑和封锁，当周礼逐渐崩坏时，人们的思想也得到了释放。这正是春秋末期和战国初期百家争鸣的表现，其中最主要的表现形式是老子的道法和孔子的礼法。如今，对于这两种思想和哲学，已经有很多衍生的影视文化作品。例如《老子传奇》，这本书描绘了老子的生活经历、道法的灵感来源，以及道德经的创作源头。尽管历史记载有限，但为了让情节流畅自然，有时影视创作者会选择进行一些创意性的填空，来补全人物缺失的生命历程。但是这种填充往往具有太多个人主观性的色彩，有时会极大地影响人们对客观历史观的建立，或在一定程度上歪曲历史人物。

在《老子传奇》中，有一段描述老子在太乙山上被紫真真人所启迪，从而领悟到了清静无欲、自然无为的大道的情节。在电视剧中，这种情节表现的效果很好，将一个难以描述的悟道过程具象化为可视化的图像，也为后来老子传道的过程做好了铺垫。然而，历史上关于老子这个人的记载非常少，因此影视剧中的这种填充本无大碍。然而，如果从理解老子思想的角度来看，这种填充所产生的影响就不容忽视了，因为由此产生的对老子思想的解读的差异，使得哲学界对其思想的理解不一。但是毫无疑问，老子终究只是一个普通人，一个有血有肉的人。如果我们想真正领会他的思想，就不应附加神话的色彩来描述他所悟之道的过程。实际上，不仅是《老子传奇》，很多涉及道家思想的文化作品都会将道法与玄幻联系起来。这种做法已经将道家思想与人群脱离，将其抬升到玄妙的角度。如果此时有人恰巧阅读了《道德经》中的某些段落，例如"玄之又玄，众妙之门"等语句，那么他们就可能将道法视为玄学，并从一种"仙法"的角度去解译《道德经》。并不是说这种做法有错，但是娱乐的同时，往往会失去其对现实生活的指导作用，因为从"仙法"视角去理解道法是不可行的。

3. 学习春秋历史受到的启发

《道德经》是一本历史人物思想遗留的文献。老子是一位存在于两千多年前的人物，他的思想具现化而言，自然存在着时代局限性。正如书中开篇所说："道理不是永恒的道理"，书中那些具现化到行动指引的语句，许多之于现在也许早已不合时宜。从《道德经》中能领悟什么样的思想，不同人的理解各不相同，而感悟的所得也不尽相同。想要剖析出行动指引下暗藏的思想源，需要将那些做法代入到老子所处的时代和环境中去，以及当时所经历的整体历史情形中去。如此去细细体会老子的所思所想，去体会老子是抱着怎样一个思想在那样一个时代背景下提出的这样一种做法主张，这就是学习历史的重要用途之一。

小 A 是我的一位学生，他痴迷于《道德经》。他告诉我，在高中的课堂上，无论是上课还是下课，他都在抄录《道德经》原文，并将其中充满哲理的语句运用到自己的作文中。直到有一次，他运用了"是以圣人之治，虚其心，实其腹，弱其志，强其骨，常使民无知无欲。"这句话，语文老师问他圣人之治是否就是要弱化百姓志向，让百姓思想单纯呢？对于老师的提问，小 A 瞬间无法回答，只支支吾吾地回答可能是版本问题（《道德经》存世版本繁多，此处为王弼本）。

当小 A 向我倾诉这个事情时，他感悟到，直到那时他才恍然大悟地发现，原来自己对《道德经》的思想一点都不了解，只是空乏地喊着"清静""无欲"。他无法理解，甚至无比懊恼，他如此崇拜的老子居然主张弱化百姓志向，使其思想单纯。直到后来，他幡然醒悟，不再单纯沉浸于《道德经》这本书，而是从史书中回到了老子所处的时代背景，深切体会从周天子分封天下至秦始皇一统天下中间的整体历史经历的过程。经过他的思考与研究，他得到了独属于他的一份对《道德经》的见解，也是最能够指导他个人生活的道理。

在小 A 的理解里，老子是带着一种极度的倦怠感写下《道德经》的，那是一种对人生的终极绝望的倦怠。譬如：人总归是要死的，人一生就是走向死亡的过程，一切世人所认为有意义的事情在无限的追问下都是无意义的。只有清楚地认识到这一点，老子才会想要顺遂自然，因为无论努力与否，结果都无法改变。春秋时代，诸侯拼死争夺，无非图一个霸主的名号，图一世名垂青史，图一个"不朽"，但这些又有什么意义呢？正是看透了这一切，所以老子会说"上善若水，水善利万物而不争"，想要实施圣人之治，想求一个"小国寡民"，一个"民至老死不相往来"的社会。老子看到他们争斗的无意义，看到百姓痛苦不堪时仍有不忍，于是提出了自己的做法主张。

老子主张不提倡战争、争斗和各国百姓往来，在这个状态下人民可以生活在原始但快乐的田园牧歌时代中，无须管理、礼法约束、贤明的人的崇尚和善与美标准的划定，一切都是最初状态的美好。这与西方哲学家苏格拉底对其弟子所描述的美在人生诞生之前就存在并为人所知是相似的。

老子在《道德经》中以对人生绝望的倦怠感和对基本人性需求的关注为基础，表达了对这种绝望的感悟，对当权者的规劝和约束，以及希望当权者减轻百姓的负担，使人民可以在田园安舒中生活。这或许只是老子单纯受灵感影响而抒发，或许是老子的期望。

在小 A 看来，老子思想最大的特点在于不强加思想于人。这也是他对老子思想认同与共鸣的最大原因，这在中国史上几乎是唯一的。

与儒家思想不同，老子思想不强加礼法于人。在儒家思想中，男子要有德行，女子要遵从规定，所有社会人都要在一个礼制约束下生活。儒家的礼制约束在维持社会稳定方面有不可磨灭的贡献，它将"不朽"定义为立德、立功、立言，为后世英雄人物树立了一个终生奋斗的目标，使那些在某种社会秩序下认定为有能力的人不会因人生终极绝望而受迫害，而是能够用一生为维护这种社会秩序和人民的安乐而奋斗。这种传统一直延续至今，成为社会秩序的基石，对英雄和"不朽"的评判依然是为苍生、为大义做出贡献。这无疑是儒学的贡献，但对于个人，儒家的压抑太过沉重，三从四德、三纲五常和礼法制度都抑制着人性，好的和坏的都被压抑在最低点。社会秩序下认为有魄力和能力的人，带着他们的愿景和不朽的渴望，为苍生和大义而努力奋斗。而其他普通的平民百姓，则在一系列礼法体系的束缚下失去了灵魂。

小A叙述了一个21世纪初外国人在北京拍摄的平民纪录片的故事，该片中底层人民的眼神让他想起家乡村口的小土狗，温顺而麻木。在小A眼中，这种差异源于两种根本不同的生死观。老子是绝对的虚无主义者，对于老子而言，生死本身就属于无所谓之事，既然都是活着，那么为什么不能简单而轻松快乐地生活呢？老子想要为百姓创造这样一个条件，于是他在书中写下了人生终极绝望的构想，并将其交于上位者，让"太上"承担这种负担，而百姓则按照原有的轨迹来生活。这种思想它不受任何道德、伦理或是使世界变得更美好的理由的限制，它只是单纯地阐述了人类的终极绝望，告诉我们只需要按照自己的想法生活即可。对于现世而言，可以是去旅游、去感受世界的美好；"千里之行始于足下"，也可以是宅在家中做自己认为对的事，"不出户，知天下，不窥牖，见天道"，随心所欲。老子明确地告诉我们，没有真正地对错，没有真正的"善"，不要去统一，不要为了合群而摧毁自己的独特。

　　然而，在儒家两千年以来一直延续至今的理念下，情况完全相反。儒家思想认为：人虽要死，但是要死得其所，要区分鸿毛与泰山。这必然导致需要有一个绝对的评判标准，有一个绝对的善恶标准。这也是小 A 理解的老子思想与儒家思想最为根本的分歧。儒家思想认为，人性应当受到一定道德规范的约束，礼制对人性的种种限制最终还是从人性中找到的德行，仍然归于内在的寻求。在诸侯争霸的年代，儒家思想试图剖析人性深处的最高德行，并将其具现化为礼制，以此来激发每个人心中的品德与人性，从而实现停止战争、维系社会稳定的愿望。

　　老子思想在那样一个兵荒马乱的年代中出现似乎很不合适。一般关于人类终极绝望问题的哲学研究在和平年代才会出现，这就像现代网友所说的"吃饱了，人才开始思考哲学"。然而，深思之后，我们会发现这是一种必然。老子似乎是一枚象征自由的符号，在闭锁制度打开一个口子后顺势而生，也是周礼崩溃后出现的第一颗逍遥种子。礼制崩溃了，而在那个时代，人存在的价值体系还没有建立，于是人生本质的无意义很自然就被发现了。

　　学习历史，不仅是为了了解史籍中的著名人物、事件经过或者成功的事迹，也不仅限于推断各种事件之间的逻辑脉络。实际上，我们更应该注重历史本身的情形与细节，通过这些了解那些至今仍被传颂的历史名人所提出的思想和情感背景。参考历史文化的遗留，在获取真正的本源思考时应该像道德经中规劝当权者的做法一样，不能简单地以现代社会情形去代入，而忽略当时所处的环境背景，进而去批判作者的思想落后。相反，我们应该将观察的重点集中在历史背景下作者思想的核心本源上，这才是对我们当代生活有所启示的重要原则。解读历史背景下的行为和思想，对于我们的现世生活有着深刻的意义。

二、战国：公元前476—公元前221

1. 战国的起源与兴衰

公元前473年，越王勾践率军攻破了吴国首都，迫使吴王夫差自杀。公元前441年，周贞定王去世后，他的长子继位成为周哀王。不久，次子弑兄夺位成为周思王，五个月后，三子再次弑兄夺位成为周考王。公元前440年，周考王封他的弟弟桓公为西周王。

公元前403年，周威烈王封魏斯、赵籍、韩虔为诸侯。公元前376年，韩国、赵国和魏国废除了晋国静公，瓜分了晋国领土，这被称为"三家分晋"。

公元前386年，周安王册命田和为齐侯，田氏夺得了合法地位。公元前379年，齐康公去世后，田氏正式登上了齐国权力的高峰，这被称为田氏伐齐。

公元前446年，魏文侯成为晋国魏氏的领袖，他施行了变法，整合各国法律，首创法经。他任用李悝为相，吴起为将军。吴起在七十多场战役中不败，魏国成为中原霸主。公元前396年，魏文侯去世，吴起受到猜忌，投奔楚国，被楚王任命为令尹，主导了楚国的变法，增强了楚国实力。公元前381年，楚悼王去世，吴起被楚国旧贵族杀害，变法被废除。

公元前359年，秦孝公下令发布垦草令，推行全面商鞅变法。同期，韩国申不害、齐国邹忌在各自国家推行法治改革。申不害的权术理论使韩国成为战国七雄之一，而邹忌的变法帮助齐威王成为东西两大雄主之一。这时的魏国国力强盛，庞涓为大将进攻赵国、魏国。齐威王采用孙膑的"围魏救赵"和"围魏救韩"的计策取得先后两次胜利。后一次让庞涓愤而自杀，秦国也从西方不断侵蚀魏国领土。

公元前338年，秦惠文王将商鞅族灭，但仍使用其法律，改为任用张仪为秦相，施展连横政治。公孙衍推行合纵策略，联合各国对抗秦国。公元前 316 年，秦惠文王攻下蜀国。张仪去世，韩国、魏国、齐国结盟，楚国倒向秦国。公元前 303 年，齐国、韩国和魏国大败楚国，秦国乘机打劫。公元前 278 年，秦将白起攻下郢都，楚国灭亡，屈原自杀。齐国相苏秦实际上是为燕国效力，劝使齐国灭宋之后，燕赵韩魏秦五国联军攻打齐国，齐国受到重创。

公元前 260 年，秦赵长平之战，白起屠杀赵国四十五万勇士，导致赵国走向衰落。然而，此时的秦国也已经力有不逮。尽管秦王命令白起乘胜追击，但白起却毅然拒绝参战。秦王派遣新的将领进攻，赵国平原君军得到楚国、魏国的支援，同时，魏国信陵君更是趁机窃取了秦国的兵符，亲自率领援军前来营救。最终，秦军在惨败之后溃不成军。此时，秦王再次要求白起出战，然而白起仍旧拒绝，于是秦王下令处死白起。公元前 243 年，信陵君驾崩，秦国又利用反间计谋，杀死赵国名将李牧。自此，秦国开始无往不胜，最终在公元前 221 年灭亡六国，结束了春秋战国时期的混乱。

2. 朝代历史的虚与实

在中国历史上，春秋战国时期是思想启蒙的时代。这个时期从最早的部落血脉宗亲思维发展到一个真正统一的封建国家，政治主导者仍然是那些王家近亲或是旧时贵族，但到了战国时期，真正的草根阶层开始在国家层面崭露头角。草根与小贵族开始得到重用。这个时期逐渐形成的一套普世意义系统被广泛认可，是相对普遍的人生价值观。

在历史文化作品中，为了更好地让现代人理解，艺术创作常常将现行社会秩序与意义系统代入其中。有时，这也需要对历史本身做出一些改编。比如广受好评的电影《秦颂》，讲述了在秦王灭六国的过程中寻求高渐离作秦颂的故事。秦颂是个象征人心所向的符号，在秦王灭亡六国后，物理意义上的统一近乎完成。然而，唯一能真正解除人心戒备、统一民心的方法是秦颂，通过音乐的方式实现。

此外，《秦颂》电影中还有许多支线剧情，如高渐离与栎阳公主的恋情、徐福与数千童男童女、栎阳公主与王翦之子王贲的婚约，以及荆轲刺秦王等故事。其中有一个情节，荆轲想要刺杀秦王，樊於期却希望高渐离与其同去。高渐离不愿前去，只弹曲以践行，曲中荆轲砍下樊於期首级。在电影前情铺垫下，太子丹本身与荆轲为旧相识，于是电影改编此处情节，让太子丹派遣荆轲去谋略刺秦之事。

然而，在正史中，对此段历史的阐述却是不同的。太子丹首先寻求田光帮助，田光推荐了荆轲。后来，太子丹猜忌荆轲，为了激励荆轲，在荆轲居所自杀。即使如此，电影改编此处情节本无可厚非。但史书上所展现的田光这一人物形象对于理解那个时代的社会秩序有很大的帮助，通过观察田光这类人，我们可以更好地了解整个时代的风貌。同时代还有一位与田光极其相似的人物，即魏国的侯嬴。当秦军围攻赵国，平原君派信使来魏国求援时，魏王原下命让晋鄙领兵前去支援，然而后受秦王恐吓，又急命晋鄙停止行军。信陵君得知后多次请求兵援，而侯嬴则献计，即后世流传的窃符救赵的计谋，让信陵君带上其好友朱亥，一切安排妥当后，侯嬴以年事已高为由不与信陵君同行，而选择在信陵君到达晋鄙军营后北向自杀。

3. 学习战国历史受到的启发

战国时代的人生意义体系可以从田光与晋鄙的自杀中得到一定的反映。如果从现世价值观出发，可能很难理解他们的自杀带来了什么意义，因为他们并没有面对任何道德困境，并且他们的自杀对事件的进展没有任何帮助，就像他们随意结束了自己的生命一样。即使后世的文人读到这些事情，也仅仅感到感动[1]，例如唐朝的李远写道："荆卿不了真闲事，辜负田光一片心"，明朝的李贽则写道：

---

①出自国家人文历史：新时代的预示，旧时代的挽歌，《史记》的精神世界。

"情知不是信陵客，刎颈迎风送之"。但他们并不真正理解这一事件，只是勉强找到了一个理由，说侯嬴自杀是为了激励朱亥。李贽之所以这样写，是因为在他所处的时代中，自杀烈士是一种崇高的象征，但同时也需要一个合理的理由。然而，他无法找到侯嬴自杀的理由，因此只能编造一个理由。事实上，无论是田光还是侯嬴，他们在当时的背景下自杀都是毫无理由的，因为在他们的人生意义体系中，这是合理的。这就像进行一场盛大的祭祀，他们本身就是祭品，愿意为这种行为献上生命，这就是他们的人生意义。这种行为既勇敢，又纯朴。在一个成熟而世故的文明中，人们会权衡得失，会臧否道德，会寻求合理的理由，就像李贽所做的那样。只有在文明尚未成熟的时期，那种躁动的力量才会驱使人们用自己的鲜血为理想铺路。这些勇敢而纯朴的人，用他们的生命表达鄙视、愤怒和忠诚。这种表达，这种纯朴，就是他们所处时代的人生意义，也是那个时代的生命价值。

因此，历史中的每个细节都是不可忽略的，每一个看似微小的事件或人物都可能代表着那个时代的某种风貌或某种价值。就像侯嬴和田光的自杀行为体现了战国时期的一种人生意义价值体系。若将他们的自杀行为置于现代，这种行为几乎是不可理解的。因此，最终我们仍需要回到历史，回到那个时代去体会和探索。这才是学习历史最为关键和重要的地方。

4. 学史明理

从春秋到战国，是中原王朝最早的等级制度崩塌的过程。这种礼制的崩坏象征着等级制度的崩塌。自春秋末孔子创办私学以来，各有才学之士效仿，知识不断向底层普及。原本游离于政治边缘的小贵族阶层也有了实现阶层流动的可能。有人说春秋是大夫的时代，战国是士的年代，这种说法有其合理性。但我们不难发现，礼制后来经过修缮又被中原王朝所使用。同时，一种新的等级制度形成，允许一些有才能的人向上层流动。由于礼制的特性，尊崇古人的思想潮流也被传承。礼制是关于人文主义的思想，几乎全部围绕人文社会的思想。局内人不需要理解他们的做法是否具有其科学性，只要满足了普世价值观也就足矣。这在当时几乎限制了科技的发展，导致很多天文现象未被科学探究。例如，月亮的阴晴圆缺寓意人生的悲欢离合等文化价值，虽然值得肯定，但是对于科学进步来说，它的价值已经失去了。封建礼制的弊端，现在我们站在旁观的角度，可以看到其实施的必然性。因此，我们有机会去取其精华去其糟粕或者彻底改变它来适应如今的时代。同时，更应该想到在未来，后世的人翻看现在的历史，他们会想到什么样的弊端，什么样的体制，什么样的必然性，想到怎样去改变现在的法制体系来适应更好的生活。

◎ 4.1 教师在教学过程中应该注意的细节

在研究历史哲人思想时，不应单纯强调其所支持的行为方式。例如在探讨老子思想时，不能仅关注其所宣扬的圣人之治，而应将其行为主张置于所处的时代历史情境中进行考量。从当时的思想氛围入手，逆推引发哲人产生此思想的本源。

其次，在进行历史研究时，不可忽略历史细节的影响。有时年轻人会受影视作品或其他历史文化改编作品的影响，对某些边缘历史事件的认知上存在偏差。每个大时代下社会的普世意义体系都是独特的，有些时代可能会同时并行两种或三种多人支持的价值意义体系。例如，在战国时期，除了上述提到的祭祀主义和表达主义，还存在一种与之不同，甚至完全相反的养生保命主义。在战国之后的时代，"功遂身退""养生保命""明哲保身"则成为普遍的行为准则。而在春秋时期，这些观念还不太明显。如孟子认为回国后为君王所赐死是一种"不朽"，他说"寡君之以为戮，死且不朽"。《礼记》也认为为国而死、为宗庙而死，死后可以受到祭祀，这也是死而不朽的一种表现。但在春秋中期，这些观念开始发生转变。春秋时期是人思想的萌芽阶段，还未建立真正普世的人生价值体系。而后来，死亡的地位不断提高，从孔子的"朝闻道，夕死可矣"到墨子的"拔一毛而利天下不为也"，但墨子仍然认为义如生命。这种变化的实质十分有趣，若想真正了解这些思想观念的演变过程，则需要细心地去体会历史的每个细节。

在解读这段历史时，教师可以引用春秋末期人的思想迸发作为引子，介绍各思想家的具体政治主张，从而浅谈思想表面。然而，值得注意的是《汉书》中对先秦思想家的归纳，称其为"道家、儒家、墨家、名家、法家、阴阳家、纵横家、农家、杂家、小说家"十家。进一步研究可以发现，大多数"家"都站在统治者的视角，为其提供支持和献策，被认为是"百家争宠"，而不是"百家争鸣"。例如，"小说家"主要记录民间信息，以便上层知晓民意动态。"农家"强调农家的重要性，并被法家借鉴，"兵家"主要探讨军事的重要性以及如何用兵、养兵等。而法家则提供了一套制度体系和操作指南，旨在维系社会稳定。综合起来，这些领域的主张代表了封建专权国家的不同领域，即所谓的"百家争鸣"。然而，最终仍归于专权统治。从这个角度来看，中原王朝走向统一似乎是一种必然，是历史的发展趋势，即使没有秦始皇或秦国，也可能会有其他人或事件推动统一。但如果深入研究历史和人物思想，可以发现许多不同之处。

"百家争鸣"的思想源头可以追溯到春秋末年，早期的思想家老子几乎是唯一不谈及专权的思想家。这表明，他的思想是反其道而行之，他主张下放君主权利，让君主隐于幕后，称之为"太上，不知有矣"。如果一切都顺遂，权利就归还给百姓，让百姓自然生存。他甚至试图"拆除"国家这个概念，留下自然人，没有国家，没有礼法约束的人，只靠人们内心深处的德行约束。

从春秋末期到战国时期，思想潮流出现了巨大的改变，教师需要引导学生深入探索这一变化。在讲解历史的过程中，教师必须注意到思想潮流的变化和反转，最好能够从思想反转这一现象本身回归到真实的历史背景中去思考。同时，还要注意当时的普世价值观与现代人的生命意义观念的区别与转化。对于如何引导学生体会历史深处的道德意义观念，有许多方法，其中一种方法是以此类思想为例，启发学生进行思考。

◎ 4.2 如何激发学生学习的兴趣

在春秋战国时期的政治舞台上，游说被视为一项艺术。那些精于此道的游说家，以其口舌之利和巧妙的思维逻辑，能够令各路诸侯信服。现代人常常将游说和辩论等同起来，因为它们的核心逻辑都是说服他人。事实上，辩论本身是大多数人的天性，尤其是那些具有叛逆心理的学生们。无论对错如何，争论本身就足以勾起学生对某个话题的兴趣。因此，教师可以在教学春秋战国历史时，提出某个争议性话题，例如侯嬴是否应该自杀、田光的自杀是否必然等，让学生按照自己的意愿分成正反两方进行辩论。甚至可以从现代和古代两个时代的角度来探讨，探索其中的相似和差异，寻找历史与现实之间的联系和冲突。可以选择部分学生或者让教师自己亲身参与，站在局外，以一种新的、上帝视角来记录学生的言论，并结合两个时代的特点进行评价。在这个过程中，教师不需要强行分出正误、胜负，而是以发现学生言论中的事实错误为重点，同时纠正学生的一些错误认知。教师在这里扮演的是客观、公正的形象，不带任何价值导向和思想引导，只是放任学生自由讨论，让他们得出自己的结论。通过这种方式，可以最大限度地激发学生们对历史的兴趣和热情，丰富他们的思维和想象力，让他们在春秋的生命价值观念和现代人生意义价值体系之间产生一种冲击和思考。

通过引发学生的逆反心理，教师可以让他们打破现行稳定的价值体系，开启心智走向更加广阔的未来。当然，这样做也存在直面人类终极绝望的风险，教师需要密切关注学生的精神状态，防止他们沉溺于虚无主义。同时，教师可以引导学生浅析一下虚无主义的内涵，让他们不至于迷失方向。至于危害和利好，实际上都是基于某一种价值体系的。另外，教师还可以选择一些反映当代人生价值观的事物，如电影或其他文化作品，引导学生思考和探讨他们在当今社会中的意义和价值。

在历史教学中，辩论会的方法是一种相对具体的辩题，但事实上该方法仍有许多种可深入挖掘的方法。例如，可以按学生意愿将学生分为三类，如诸侯王、宰相和将军，然后让三方进行讨论。宰相与将军分别提出治国方略或讨伐某个国家的建议，君王选择采纳某种建议并说明理由。例如，在公元前316年，秦惠文王在位期间，司马错提议攻打蜀国，而张仪建议讨伐韩国。若让学生们来真实演绎此处情节，其对历史的理解与感悟必然更加深刻，同时也需要更深入地去研究那个事件下的历史背景。根据实际情况，教师可以选择提前将那个事件的具体历史情况为学生排列出，如秦惠文王在位时秦国的国力，中原的地图、韩国与蜀国的国力及其地理位置等与事件相关的史实。后让学生们根据史实数据来自行组织语言劝君王攻打哪一个国家，而演绎君王的学生们也需要根据所罗列出的具体情况来进行拒绝或采纳。当然史书上也有描述张仪与司马错的言论，但不必让学生原版照抄，最好是让学生根据历史事实自己去分析如何用自己的观点说服君王。若是初学此段历史，也无须告诉学生秦王最后的选择，而让学生自行选择建议并提出自己的见解。之后对学生进行一番点评。同时教师可以尝试帮助那些选择了攻打韩国的学生们推导后续可能的历史走向，最后再公布历史上秦王的选择和历史记录的张仪与司马错具体的建议言论。并以自己的角度阐述对于秦王选择司马错的见解与认识。

我曾使用辩论会的方法来带动学生学习历史的兴趣。例如，我拟的辩题为：侯嬴的自杀是否应该。学生分为正反两方及一方评审员，正方应该，反方不应该，评审员负责记录双方的言论与细节。但是，在实际教学中，学生们开始时并不像想象的那样，正方站在古代侯嬴那类人的价值观，反方站在现行价值观下讨论辩题。相反，正反双方站在了同一意义角度，反方仅仅提出一些侯嬴活着对魏国更有帮助，或者说活着就有更多种不一样的可能等建议。正方提及侯嬴自杀能够激励朱亥、更好地完成任务并实现人生的意义和价值。但实际上，双方只是在现有的统一价值体系下进行利益和价值的讨论，缺少了我想要达到的两种价值观的碰撞和对抗。因此，我开始参与讨论，并刻意将正方的观点引导向侯嬴时代的生命和价值观念。在我详细讲述了侯嬴时代的历史细节后，正方的学生们开始真正代入侯嬴的角色中，站在战国时代的人生价值体系上进行辩论。在一些检查和练习中，确认了三方学生都掌握了春秋战国历史的知识。练习的意义在于巩固学生所学的知识并检验学生的成果，这些功能在一节趣味性的历史辩论课上得以体现。辩论课上的发言能够很好地考验学生的历史功底和细心程度。课后，学生需要查阅历史细节和研究课上未涉及的历史人物，但这些都是在他们兴趣被激发后自愿去完成的，教师不需要主动布置。

春秋战国时代的类似事件还有很多，教师可以发掘和使用。最重要的是放任学生自由思考、畅想、探究和追寻。不能过于约束学生，只要基于正确的历史事实和合理的推理逻辑，就不应限制学生的发挥。学生处于逆反的阶段，若教师用权威或普适的道德观念去约束学生，反而不利于学生发展自主思考能力。学生的思想应该是自由的，他们仍是孩子，因此不应该成为"骆驼"或"狮子"[①]，在承担任何事情之前，他们只是"孩子"，不要让孩子们的思想负担过重，不要让孩子们成为"骆驼"。教师应坚持这个原则，并不能像其他学科一样强制灌输历史知识，而应着重于培养孩子们的创造性，借助历史的重要性来启发新思想。孩子们的思想可以是开放的，也可以是封闭的；可以有对国家、社会的认知，也可以没有；重要的是，他们创造的是属于自己对人生意义的价值体系，对抗人生的绝望。历史可能是沉重的，但不能压垮孩子们。过去的思想和历史文献虽然已老旧，它们本身可能没有太大意义，真正的意义在于如何理解并运用于现实生活中。

韩非子在《韩非子》[②]一书中曾言:"天下皆知美之为美，斯恶矣，皆知善之为善，斯不善矣。"这句话表达了韩非子个人对美与善的主观认知，并暗示了真理源于个人的心灵体验，因而具有主观性和变幻性。

对于历史学习而言，教师的角色不在于直接给学生灌

---

① 出自《查拉图斯特拉如是说》，下同。

② 引用书籍来源：韩非子《韩非子》中华书局，2017。

输已有的历史史实，而应通过引导与激发学生的兴趣，让其学会自主思考历史事件，逐渐形成自己的理解，从而感受历史的魅力。学习历史最重要的是获得自己对历史的理解，而这是教师无法直接传授的。

历史辩论会是一种满足学生兴趣的好方式，教师可为学生提供历史事件的背景知识和现代趣味体系的细节，引导学生自主思考并探究历史事件。这样不仅有益于学生的历史学习，也有助于培养学生的批判思维和创造性思维。

虽然历史知识的学习至关重要，但其价值不及增强国人的文化自信和加强人们对事件思考深度。站在事件发生旁观者角度，对事件进行发问与思考，有助于灵活思维的培养。

当人们达到人生的某一阶段时，会感到迷茫，不知道自己的人生价值和精神追求在哪里，也不知道自己的方向在何方。此时，可以试着跳脱出来，以一种上帝视角来观察当前发生的事件，并对人类的价值体系和精神追求进行分析和评估。我们可以尝试用后世人的视角来审视当前的体制与生存方式，思考如何改变现在的方式，让自己的人生变得更加有意义。

在我们的人生旅途中，可以通过缩小视角，以局外人的方式审视自己的人生事件，回溯过去，反思个人历史，并努力回答一些重要问题，例如：我还有哪些方面需要进步？我是否能够找到一种真正的人生价值体系，让自己享受快乐和幸福？我又该如何塑造和改变自己的人生？这一过程需要不断地思考、反思和尝试，通过实践来创造属于个人独特的历史。

每个人的生命都有着独特的意义，这一点与历史惊人地相似。我们需要持续地思考、反思和尝试，以此来寻找和追求个人的人生价值，并通过实践的方式创造属于自己的历史。在这个进程中，要勇于探索和创新，尝试崭新的方式和方法，只有这样，我们的人生才能变得更加充实和有意义。不同的人经历相同的事情，却会产生不同的感受和体验，这使每个人都需要寻找到自己独特的人生价值和追求。这是一个持续的过程，需要反思自身的优势和劣势，设定目标和方向，然后才能通过坚定的行动，创造具有深远意义的历史。

成功的人士总是善于尝试新的方式和方法，挑战自我极限，力求寻求更优秀的解决方案。在不断地实践和创新中，他们不断成长并完善自我。然而，这个过程需要不断地努力和奋斗。在人生的旅途中，勇于尝试和冒险是非常关键的，即使遭遇失败也不能退缩。因为只有这样，我们才能在成功和失败中成长、进步，让人生更加充实和有意义。

总之，人生是一个不断探索、创新和成长的旅程。在这条路上，我们必须大胆尝试新的方式和方法，不断探索和创新，并将其应用于实践中。只有这样，我们才能找到自我价值，并创造出属于自己的历史。

第三章 秦汉

一、秦朝：公元前 221—公元前 207

1. 秦朝的起源与兴衰

秦朝作为中国历史上第一个完成统一大业的封建王朝，虽然短暂，但在历史上留下了浓墨重彩的一笔，对后世千百年的封建王朝的发展起到了重要的引导作用。

秦朝的前身可追溯到战国时期的秦国。然而，秦始皇嬴政一举打败中原其余六国，结束了中原地区自战国春秋时起的割据状态，建立了中国历史上第一个多民族统一治理的中央集权制国家。

公元前 221 年，秦始皇在咸阳称帝，彻底灭掉了六国，被后人称之为"秦始皇"。秦始皇统一中原后北击匈奴，南征百越，开疆扩土，并修建长城以抵御匈奴的入侵。此外，他还废除了自西周以来的世卿世禄制度，建立了皇帝制度，实行中央官制以及郡县制，使中央对地方的控制更加强化。秦朝完成统一后实行书同文、车同轨，并统一度量衡。而秦朝的建立以及一系列创新的举措对中国数千年的历史产生了深远影响。

由于秦朝是首个封建王朝，其制定的诸多举措为未来各大一统王朝的统治奠定了基础，故被称为"百代都行秦政法"。

尽管秦朝拥有巨大影响力，但其快速衰落，根源在于秦始皇施行暴政。《过秦论》曾言："秦有余力而制其弊，追亡逐北，伏尸百万，流血漂橹。"秦朝为完成统一曾发动血腥战争，导致六国灭亡的同时，也为秦朝覆灭埋下了隐患。秦始皇"履至尊而制六合，执敲扑以鞭笞天下，威震四海"，严重损害了老百姓的利益。在建国初期，秦国连年征战，为了防御匈奴入侵，秦始皇征用了大量的人力、物力、财力来修筑万里长城。虽然这些举措在维护国家统治、抵御外敌入侵方面具有重要意义，但却劳民伤财，导致人心涣散。再加上秦始皇过分相信暴力的威力，此举给摇摇欲坠的秦朝雪上加霜。

同时，秦始皇还征集大量人力、物力修建宫殿，在《阿房宫赋》中写有相关的记载，奢华的宫殿，大量的人力被占用，严重阻碍了秦朝的经济发展，导致秦朝的衰败之路越陷越深。

从陈胜起义到秦朝的败亡，历时六个月，兴也勃，亡也忽，但都符合当时社会的发展趋势。社会矛盾导致秦朝的覆灭。虽然秦朝统一时间仅十五年[①]，但其对中国历史产生的影响与作用却深远而广泛。

2. 朝代兴亡的虚与实

在中国历史上，秦朝虽然仅存在了短短的十五年，但其在两千年封建王朝历史中的地位依然举足轻重。从无数流传至今的故事和史料中，我们可以看到这个王朝的重要性和影响力。然而，这些流传至今的故事已经无法辨别真伪，对于秦始皇的评价也存在褒贬不一。作为历史上第一位皇帝，秦始皇的故事广为人知。然而，很多人的印象并不是来源于史书，而是通过电视剧、电影等影视作品以及媒体营销号的介绍。这些影视作品中，秦始皇的形象千差万别。有时是臭名昭著的暴君，有时又被赞誉为千古一帝的明君，让人不知所措。事实上，这些影视作品的刻画都

①秦朝-百度百科.https://baike.baidu.com/item/%E7%A7%A6%E6%9C%9D/195083?fromtitle=%E7%A7%A6&fromid=2681927#ref_%5B16%5D_6586.

是根据不同的人物角色来对秦始皇进行不同程度的美化或诋毁。因此，想要全面了解秦始皇，还需从历史资料中进行辨别、分析。

然而，即使是历史资料的记载也不一定完全真实，很多资料都经过代代流传再加工。因此，历史资料只能作为参考性的资料，不能完全代表史实。针对秦始皇这个人物，不同的历史资料中对他进行的描述也不同。然而，有一点不可否认的是，他是一个政治手段杰出的伟大帝王，是第一个完成统一大业的千古一帝。

作为流传千古的伟人，秦始皇的身世问题近年来成为人们所关注的焦点。关于秦始皇的父亲到底是谁，即使是史书中的记载也存在一定的争论。因此，对于秦始皇这个人物，需要通过深入分析和研究不同历史资料中的信息来进行准确的了解，不能仅仅依赖影视作品等传播媒介，而需要从真实的历史资料中进行深入探索。

◎ 2.1 论：秦始皇身世之谜

对于史书中关于秦始皇身世问题的讨论，存在两种对立的说法。在司马迁撰写的《史记·吕不韦列传》中提到，秦始皇的母亲赵姬为吕不韦的姬妾，怀孕嫁给嬴异人并生下秦始皇嬴政，而在《史记·秦始皇本纪》中则记录秦始皇为嬴异人之子，没有提及赵姬是已怀孕嫁过来的情节。这样南辕北辙的记载，导致了史书材料中关于秦始皇身世的问题存在较大争议。

此段话探讨的是秦始皇的身世争议和其对历史文献的影响。秦始皇是秦国的第一位皇帝，其身世一直备受争议。尽管有历史文献记载，称其是嬴异之子，但也有传闻称其实为吕不韦之子。这种争议性的存在自然引发了更多人的好奇心和思考。然而，如果秦始皇真的是吕不韦的儿子，这一事实应该被记录在历史文献中。由此可以推断，秦始皇根本不可能成为秦国王室的成员，更不用说坐上秦王之位了。

在战国时期的背景下，吕不韦是卫国的商人，不仅有极高的才华，还能够撰写《吕氏春秋》等经典之作。他选择扶持嬴异人登基为秦王也是基于合作双赢的目的，希望借此获得更多的名利。因此，在合作之初，他不可能将一位已孕的姬妾嫁给异人，否则只会得罪异人，影响二人之间的合作关系。即便异人并不知道秦始皇不是自己亲生儿子，这种事情经过了这么多年的流传被记录在史书中，很难没有留下半点痕迹。此外，当时的秦国王室不只有秦始皇一人，如果爆出他身世的异同，其他王室成员也不可能没有任何反应。

然而，在史书的记载中，对于秦始皇身世的矛盾说法并不止于《史记》。《资治通鉴》《汉书》等史书中也提到秦始皇可能是吕不韦的儿子，但这些说法都是从《史记》中沿袭而来，其史料来源无从考证。而在史书《战国策》中却完全没有提到赵姬是怀孕嫁给秦始皇的这一情节。

总的来说，古代书籍的记载看似自相矛盾。但是需要注意的是，在古代，信息交通极度不便，想要全面地记录一些事件，必须四处奔走、寻访。古代书籍纸笔并不普及，很多事情都要依靠口耳相传，因此很容易出现偏差，导致错误的记载。因此，学习知识时切记要灵活，不要"死读书"。我们在接触信息时，尤其要警惕跟风盲从。如不能确认，就应进行详细的分析论证。

据历史记载，秦始皇在其统治时期，其名声与其他帝王相比并不太好，甚至被人们称为"暴君"。毫无疑问，秦始皇的某些政策和手段确实是残暴的。然而，他之所以在历史上声名狼藉，有很大一部分原因是他做了一件得罪了全天下文人的事：焚书坑儒。

焚书坑儒是秦始皇实行一系列文化政策的一部分。他认为，通过摧毁旧文化和知识，可以建立新的秩序和统一的文化体系。因此，他下令焚毁了很多古代文献，包括许多不同的史书、哲学著作和经典教科书。此外，他还下令将数千名儒士处死，这些儒士大多数都是因为与旧文化有关。

然而，将焚书坑儒作为秦始皇声名狼藉的主要原因却值得商榷。虽然现代人很难理解焚书坑儒的行为，但也应该注意到，当时的中国处于一个分裂状态，各个诸侯国之间的战争非常频繁。在这种情况下，秦始皇试图通过一系列手段来统一国家，并且这些政策在一定程度上确实取得了成功。因此，我们不应该仅仅将焚书坑儒单独拿出来，而应该将它置于其特定时代的政治、社会和文化背景中来考虑。

◎ 2.2 论：焚书坑儒

《史记·秦始皇本纪（一）》记载，秦始皇统一六国后，便采取了一系列措施进行中央集权，其中一项就是焚烧百家经书、坑杀儒士的政策。这一事件被后人称为"焚书坑儒"，成为秦始皇暴政的重要象征之一。但历史学家认为，在该政策之前，秦国的法家思想就已经对儒家思想进行过强烈的批判，其次，"焚书坑儒"的规模和真实性也受到了一定的怀疑。这一事件的背后可能存在更加复杂的政治和文化因素影响，需要更多的历史文献和学术研究来作为依据，探究其真实性和背后的真相。

据《史记·卷一百二十一》，可知焚书坑儒的故事最早记录于司马迁所撰写的《史记》[1]中。司马迁在《史记》中记载，"及至秦之季世，焚诗书，坑术士，六艺从此缺焉"。然而，经过详细地探究，可以得知司马迁所说的是坑术士，并没有提及坑儒士的说法。在当时百家争鸣的时代，儒士和术士是两个不同的学派。儒士和术士在社会地位方面有所不同，特别是在汉武帝实施罢黜百家，独尊儒术的时期，儒士的地位逐渐上升。根据《史记》所述，我们可以得知，焚烧的不是所有书籍，而是焚烧诗书。诗书与所有书籍是两个不同的概念。诗书是指《诗经》《尚书》等经书。

而焚书坑术士发展为焚书坑儒的故事，最初记载于《尚书·序》中。在汉武帝实施罢黜百家，独尊儒术的政策后，儒家逐渐崛起。在《尚书·序》中，焚书坑术士变成了焚书坑儒士，这是与时代背景相关的一个变化。

据《尚书序》中记载："及秦始皇灭先代典籍，焚书坑儒，天下学士逃难解散。"自此之后，秦始皇焚书坑儒的故事历经千百年依旧广为流传。作为帝王，秦始皇从统治思想的角度出发，施行了"焚诗书，坑方士"政策，这在维护统治中是可以理解的。《尚书》是一部记载上古三皇

①张健."浅谈高中历史教学中史料实证素养培养途径".《求知导刊》。

五帝治世思想的著作，始皇帝并不认同这些思想，希望将秦王朝按照自己的思想进行统治，所以焚烧诗书无可厚非。《诗经》也是一本歌颂周朝和春秋战国时期诸侯国君主丰功伟业的书籍。这其中还包括被秦始皇所灭的六国。在那个时期，六国才刚被灭亡，建立的新政权还很不稳定。许多六国贵族想要重新建立国家，而秦始皇不可能容许这些书籍存在。

秦始皇之所以坑术士，是因为他晚年信任的术士徐福和卢生欺骗了他。秦始皇晚年一直在寻找长生不老药，而卢生和徐福是寻药人。两人利用秦始皇追求长生的弱点，大肆欺骗秦始皇，以谋求荣华富贵。秦始皇一开始相信这两个人，提供巨额资金支持他们寻找药物。然而，这些欺骗行为从未停止，他们不仅从秦始皇那里获得了荣华富贵，还在民间大肆搜刮财富并据为己有。他们的胃口越来越大，最终在东窗事发后卷走了秦始皇大量的财富并逃走。

根据《史记·秦始皇本纪》所载，始皇闻侯生、卢生亡后，愤怒非常，表示"吾之前收天下书籍不中用者，尽行除去"。他召集了许多文学方术士，希望通过这些人的帮助，实现太平盛世的构想，然而这些方士却只想通过练习方术以寻求奇药。秦始皇注意到韩众未能完成任务，而徐市等人却耗费巨款却依旧无法得到药物，只是奸商们之间相互告密，日夜交替。相比之下，卢生等人曾经受到过始皇的嘉奖和赏赐，现在却又诽谤始皇，这使得始皇倍感委屈。对于此，始皇下令调查在咸阳的诸多学生，以了解是否有人在以妖言乱民心。

由此可见，焚书坑儒事件并非我们想象中的那样。焚书是指焚烧儒家的诗书，像《尚书》《诗经》等作品，以及其他一些诸子百家的诗书，这些书籍被视为是反对始皇的思想观念的重要载体。而实用书籍如医药、农业、占卜等并没有被焚毁。需要指出的是，始皇并不是在坑害儒生，而是一些自称能通神的假方士。

综上所述，焚书坑儒的故事可能是虚构的。因此，对于焚书坑儒这一事件的真实性，我们可以通过对各种历史资料的分析和论证来了解。尽管如此，对于秦始皇是否真的焚书坑儒的问题仍然存在很大的争议。

二、汉朝：公元前 202—公元 220

1. 汉朝的起源与兴衰

汉朝是中国历史上继秦朝之后的第二个封建王朝。它在秦朝灭亡的历史中吸取教训，在王朝统治时期，曾创造过多个盛世。汉朝不仅在中华文明中占据着举足轻重的地位，而且对中原文化的影响也是深远的。直到今天，我们所使用的"汉族"这一称呼也源自汉朝。汉朝一共分为西汉和东汉两个朝代，历时 407 年，共有 29 代帝王。

◎ 1.1 西汉：公元前 202—公元 8

西汉的建立与兴亡：在秦朝末期，随着秦始皇去世，秦二世胡亥登基后，中原地区的农民起义变得越来越频繁。陈胜、吴广等人的起义失败后，楚霸王项羽和汉高祖刘邦成为当时最大的两股势力。人们普遍认为出身名门、力大无穷、拥有众多追随者的西楚霸王项羽是最有希望登上皇位的人，而仅仅只是个泗水亭亭长的刘邦，无人能想象他最终能够成长到和楚霸王并肩的地步。楚汉三国争霸持续了整整四年，最终，汉王刘邦成功击败东楚霸王项羽，登上了皇位，成了东汉高祖的继任者并建立了大汉朝，定都于长安。这是西汉王朝的起源。

汉朝建立后，汉朝从一片百废待兴的混乱局面逐渐走向繁荣昌盛。西汉文帝刘恒和西汉景帝刘启一起推行休养生息的国策，奠定了整个西汉王朝"文景之治"时期的太平盛世基础。此后，汉武帝即位称帝，开始推行推恩令，正式称"罢黜百家，独尊儒术"，加强了封建中央集权。同时，汉武帝还两次派遣特使张骞前往西域进行直接外交联系，开辟了新古代东方丝绸外交之路，并北击匈奴，东进西域收复朝鲜六国，攘夷后又进一步扩展内部领土，成就了汉朝的"汉武盛世"。

汉武帝在位期间，中国汉朝的统治期间疆域最为辽阔且富饶。然而，这个时期的汉朝并不是全中国历史上疆域最为辉煌与鼎盛之阶段，直到汉宣帝即位之时，汉朝整个疆域的文化、经济和国力的发展才达到了鼎盛状态。汉宣帝时期设立了庞大的东汉西域都护府，将几乎全部的中国西域土地统一纳入其统治版图，开创了一个名为"孝宣之治"的公元帝国。

然而，西汉也经历了几代英明帝王统治并缔造了多个盛世神话，使其存续时间长达 210 年。但一个王朝的衰败是不可避免的，关于西汉的衰败，其中最主要的原因是封建王朝过重的赋税和土地兼并问题。到了王朝后期，社会层面已经形成了大量的地主士绅阶层。为了获取更多的土地资源，这些人再次剥削原本生存艰难的平民百姓，直到底层百姓无法忍受并揭竿而起，推翻了王朝。西汉的灭亡并非因为平民百姓的起义而产生，而是因为一个叫王莽的人。

王莽借助其舅王政君的势力，得以逐步进入朝堂中枢，最终掌握国家的实权。虽然已经拥有了实权，但王莽的野心并未得到满足。公元前 8 年左右，他决定建立一个新朝，取名自汉代之意。西汉由此正式宣告灭亡。

◎1.2 东汉：公元 25—公元 220

东汉的建立与兴亡：汉朝于公元 25 年由汉宗室刘秀建立，为西汉灭亡（公元 8 年）后的新朝。在此期间，中原大陆被王莽所创的新朝所掌控。西汉初年的首都为长安，东汉后期的首都为洛阳。由于长安位于西方，而洛阳位于东方，故称为西汉和东汉。

在唐朝几百年后，西汉被新朝所灭，而新朝末年爆发了一场绿林党和赤眉巾军的武装起义。在此乱世中，西汉宗室刘秀趁势而为。公元 25 年，新朝灭亡，刘秀于鄗

城称帝，并将国都定于洛阳，延续"汉"的国号，史称
东汉。

东汉兴起始于东汉刘秀时期。刘秀全面改革了王莽
未能实施过的一切旧政策。他在晚年时非常重视恢复并
巩固封建中央集权王朝时期的国家军事专制统治，并采
取了许多措施削弱了功臣们在国家军队中的权力。他还
下令扩大国家军事和监察的军事机构，如尚书台诸将军
机构的地方军队权力。与此同时，他也取消了郡国诸将
军都尉机构中的国家军事设置，以更有效地抑制并削弱
地方军权。此外，他积极整顿农业经济，实行精兵简政，
减轻土地田赋税、组织农民军队开荒屯田、兴修小型农
业水利搞好灌溉农业等措施。刘秀还曾经多次下令释放
官司女主之卑，限制女仆婢主的暴虐，并严格检查奴婢
土地垦田和清查奴婢户口实数。这在当时无疑具有一定
的积极意义，对于东汉初期国力的恢复产生了很大影响，
史称"光武中兴"。

然而，东汉在进入王朝中后期后，从汉和帝开始，基
本上都是幼年皇帝即位，从而导致了太后君主专制、外戚
干政等政治问题。幼君最多需要外戚借助宦官势力才能亲
政，从而产生了戚权宦利之争。这表明东汉的朝政将日益
腐败，豪富强势财力将大肆兼并土地，东汉开始全面衰落。

在公元 189 年，朝廷爆发了政变"党锢之争"事变，内部阶级斗争恶化。

公元 184 年，张角领导的黄巾起义正式爆发，其由民众组织并领导的军队最终带来了毁灭性打击，致使东汉王朝陷入了生死存亡的困境。随着战争的结束，地方割据和中央政府之间的两大势力持续相互冲突。

公元 196 年，曹操趁机挟持天子，顺势建立了自己的权力，并成了权势中心。

随后，公元 220 年，曹操之子曹丕篡夺了汉室王权，建立了曹魏政权，正式宣告了东汉末年无可挽回的灭亡。这一历史事件，给后世留下了深刻的教训。

2. 朝代兴亡的虚与实（故事）

作为中国古代历史上第二个封建王朝，汉朝矗立了长达两百多年，留下了大量令人赞叹的历史故事，其中不乏值得深入挖掘的经典案例。这些故事多数出自野史，还有部分得到正史的记录，但对于它们的真实性及本质仍存在着广泛的争议。然而，恰恰是这种争议不断地催发着人们的思考。本书旨在通过三个典型案例的分析，深挖这些故事背后的真正含义和重要价值。

◎ 2.1 论：吕后专权

在中国长达两千多年的封建专制王朝历史上，男性一直是统治权力的核心，王权和话语权都牢牢把握在男性手中。虽然历史上出现过唯一的女皇帝武则天，但实际上，历史上第一位真正掌权的女性并非武则天，而是汉朝时期的吕后吕雉。

吕后吕雉的传奇故事不逊于第一位女皇帝武则天，甚至她的能力超越武则天。然而，由于她在历史上名声不佳，因此很少被提及。

吕雉是刘邦的第一任妻子，早在刘邦还是泗水亭亭长时，她就嫁给了刘邦，并为他生了一个儿子和一个女儿。

同时，吕雉是一位极富能力的女性，她为刘邦争夺天下做出了不小的贡献。成为皇后后，吕雉开始展现出出色的政治才能。然而，在古代的男权社会中，女性表现出过于出色的能力就会被称为"牝鸡司晨"。

所谓"牝鸡司晨"，就是指母鸡打鸣，这种叫法是对女性的一种隐性性别歧视。但事实上，在古代的封建专制王朝时期，"牝鸡司晨"是指将女性当权当作人类世界中最大的罪恶。

早在皇帝刘邦还活着的时候，吕雉就开始暗中干涉整个大汉帝国的政治，控制了整个帝国的朝政。在刘邦去世后，太子刘盈登基称帝，吕雉以太后的身份开始独揽整个国家朝纲权柄，削弱了皇帝的权力。

吕后在历史上名声不佳的原因有以下几点：

其一：人彘。人彘这个词是吕雉对刘邦宠姬戚夫人实施的严刑峻法。传闻刘邦晚年非常宠爱戚夫人，因此想废嫡立幼，让戚夫人的儿子刘如意继承帝位。因此，吕雉对戚夫人恨之入骨。刘邦去世后，吕雉立即残忍地当众将戚夫人剖开肚皮，扔进厕所折磨致死。这个残忍的行为可以说是毫无人道和道德准则的，因此成了吕后名声不佳的重要原因之一。

其二：毒杀皇子。刘邦共有 8 个儿子，其中刘如意、刘恢和孙子刘友都死于吕雉之手。尤其是刘如意，吕雉对他特别厌恶。刘邦去世后，吕雉迫不及待地将刘如意召入京城，然后杀害了他。作为嫡母，无缘无故杀害刘家后代的行为实在是非常残忍，因此也成了吕后名声不佳的原因之一。

其三：女子之身、把持政权。吕雉一生善恶并存，既是才能出众的政治家，同时也是报复心极强的小人。然而，尽管她名誉狼藉，世人对她评价过于苛刻，这也是因为她作为女性的身份。如果是男人，像刘邦一样可以在后宫享受三千佳丽，但是吕雉只要稍有一点的绯闻，比如与审食其的传言，就被指责了千年。封建时代，中国男女地位不平等，这也是吕雉名声受损的重要原因之一。

虽然吕雉在位期间采取了残酷的手段，残杀了许多无辜的百姓，但不能否认她在位期间的政绩。吕雉的政治才干为汉朝的强盛发展做出了重要贡献。

在她当政期间，汉朝的国家实力不断增强，社会也趋于稳定。这样的发展趋势为今后汉朝的"文景之治"奠定了良好的基础。

吕雉留给世人的是一个矛盾的形象，既能成为中国古代的才女，也成为历史上不可磨灭的恶人。其实，她也是那个时代的受害者，在男尊女卑的社会环境下，只有通过变得比男性更加凶狠才有权力保护自己，才能在政治上有所施展。

◎ 2.2 论：金屋藏娇

"金屋藏娇"作为一个典故在民间广为流传，其被用来描绘男女之间深情的场景。不过对于这个典故的真实性，历史上并没有明确的证据可以证明。事实上，这个典故最早出现在清代的一部野史《汉武故事》中，这使得它更加难以考证其真实性。

据《汉武故事》记载，汉武帝在一次和长公主馆陶的交谈中，长公主问刘彻想要什么样的妻子，刘彻没有回答。于是，馆陶就用手指着在场的许多年轻美丽的宫女，让刘彻自己选择。刘彻面对这种选择顿感犹豫，直到馆陶把阿娇指给他，他才一眼相中。

然而，如果真有"金屋藏娇"这种事情发生过，那么这个典故背后的故事其实是一个充满苦涩的宫廷政治故事。刘彻作为一位封建帝王，在历史上被描述为一个专横、霸道的人物。他不可能在感情上被某个人所束缚。陈阿娇成为皇后的主要原因是她是长公主的女儿。在刘彻登基之前，长公主的支持是刘彻能够登基的关键。因此，为了得到长公主的支持，刘彻才不得不许诺娶阿娇为皇后。

然而，阿娇并没有认清这个现实情况，仍然在宫廷中嚣张跋扈，并且希望能够获得刘彻的独宠。由于这种行为，她遭到了废黜，最终凄惨地死去。因此，"金屋藏娇"的故事、一般用来描述男女之间深情的情景，实质上是一个充满政治斗争和阴谋的宫廷故事。

因此，虽然"金屋藏娇"的故事深受大众欢迎，但这个故事的真实性未被证实，它来自一部野史，不能作为历史事件的确凿证据。应当从历史人物的实际情况和其实际做出的贡献中理解汉武帝的历史地位，而不是沉浸在不确定真实性的感情故事中。

◎ 2.3 论：位面之子——刘秀

在东汉建立并维持了近两百年的汉朝历史中，刘秀作为一位杰出的帝王，是备受推崇的。虽然相对于其他传奇帝王，刘秀的影视形象和传说较为少见，但这并不能掩盖其所拥有的伟大功绩。本书将从刘秀的上位历程以及其在昆阳之战中的决定性作用两个方面，进行详细阐述。

刘秀作为汉高祖刘邦北王一系的第九世孙，他的皇室背景为其日后建立东汉奠定了必不可少的基础。然而，另一方面，刘秀所拥有的皇室血统也非常稀薄。自王莽推行推恩令后，刘秀的父亲那一脉只是平凡小县官而已。

然而，刘秀的一生却以异象开端，这为其不凡的命运奠定了基础。据史书记载，刘秀出生的那天，整个房间忽然被一道赤光照亮。然而，类似的天降异象描述在史书中也十分常见，因此关于其可信度存疑。

刘秀真正确立其位面之子的地位是在昆阳之战中。在这场战争中，刘秀完美地发挥出了其作为位面之子的能力，以绝对劣势战胜敌军，创造了奇迹。当时，王莽亲率几十万精兵大军压境，而刘秀仅是一个偏右将军，手头只有一万兵马。只靠舍命拼杀的人海战术，刘秀几乎没有任何胜算。

然而，在濒临绝境的局面下，刘秀创造出了力挽狂澜的奇迹，挽救了国家和军队。据史书记载，在昆阳之战过程中，夜色中出现了奇异的天象，并降下滚滚陨石伴随着雷鸣暴雨，让王莽几十万大军士气大挫。刘秀趁势乘胜追击，一举击败了以王莽为首的大军，取得了胜利。

古人特别信奉天象之说，认为天降异象必定是上天在示意某些事情。如果说刘秀是这场异象中的真正因素，那么他代表着天，而王莽则是与天为敌的一方，所以他落败。因此，刘秀的勇气和决策不仅挽救了士兵们的生命，同时也坚定了建立新政权的信心，为东汉的建立和维护添砖加瓦。

这场争夺天下的战争，即昆阳之战，不仅在当时具有重要的战略意义，而且至今仍被历史学家广泛研究和讨论。值得注意的是，刘秀在这场战争中所表现出来的勇气、智慧和战术思维，使他成为后来中国历史上众多英雄中的一位。

很多传说都与他有关，其中不乏一些相当奇特的说法。有人认为他是位面之子，穿越到汉朝，也有人认为他和王莽一样是穿越者。不过，这些传闻都缺乏实据，只是流传下来的猜测和传说罢了。

此外，一些人还将他所执行的政策与现代的政策相类比，认为刘秀颁布的法令与当今社会的某些政策非常相似。但是，这种说法并没有得到充分证实，只能说在历史发展的进程中，几乎每个伟大的领袖都受到过这样或那样的猜测和揣测。

3. 学习秦汉历史受到的启发

秦朝的兴衰发展史深深触动人心。作为第一个完成统一大业的王朝，秦朝虽然统治时间短暂，但其兴起和衰亡却显然非突然，甚至在王朝刚统一的时候就埋下了祸根。秦始皇以三十九岁的年龄完成统一大业，有目共睹，但他忽略了人民的承受能力，在政策推行过程中并未考虑社会生产力的发展。攻打匈奴、修建长城、阿房宫等举措都在王朝初统一时期实施，这使处在连年战乱中、未得到休养生息的百姓不堪重负。若秦王朝希望长治久安，便应调整刑罚并减轻赋税，让民休养生息。

然而，秦王朝依旧未改变暴政和苛捐杂税，令百姓忍无可忍，于是揭竿而起。治国以民为本，若要长治久安，应轻赋税。对于秦王朝的历史，还有许多故事和知识有待探索。通读秦王朝的历史能更好地理解中华民族统一的不易，也能领悟到做人的道理。治国与治人相似，秦王朝在初统一阶段如同一个婴儿，需要呵护成长，但秦始皇却急于求成，揠苗助长，提前实施一些不适合的法令和制度，并大兴土木，横征暴敛。这种做法如同让一个蹒跚学步的孩子奔跑，必然导致孩子受伤摔倒，甚至丧命。

秦始皇横扫西域六国，完成最后的中国统一复国大业，六国灭亡，秦王朝的残暴让六国的遗民更加怀念亡国的美好。得民心者得天下，秦王朝民心动摇，覆灭成为迟早之事。除了秦王朝的兴衰历史，还有许多方面值得关注，如秦始皇的个人身世，秦朝历史名将名臣等，甚至一些无法证实真伪的野史，可以帮助全面多渠道地了解秦王朝的发展。一个王朝的兴衰成败，往往不是某个人能决定的，秦王朝的灭亡注定了，需要从秦朝的赋税、制度以及社会环境等进行全面的分析。

在深入学习汉朝历史时，除了了解汉朝的兴衰史，我们还应该尽可能广泛地涵盖其他知识领域。纯粹的历史研究可能会显得索然无味，我们可以深入探索那些历经岁月河流、仍流传至今、价值连城的历史故事，无论真实与否，都值得我们深入探究。

汉朝分为西汉和东汉两个时期，其间还穿插了王莽短暂的新朝。如果想深入学习汉朝历史，必须先明确西汉和东汉之间的区别。这两个时期不是简单的汉朝延续，它们与南北宋时期的关系也不同。如果没有东汉建立者刘秀继承汉朝的名称，东汉完全可以视为一个全新的朝代。可以说，如果刘秀不是刘邦的后代，东汉就与西汉没有任何关系。

一旦明确了西汉和东汉之间的关系，我们就可以按时间顺序逐一了解汉朝历史。在西汉时期，我们可以将重点放在刘邦时期和汉武帝刘彻时期的重大历史事件和名人事迹上，比如楚汉争霸，这个时期出现了许多历史名人，如楚霸王项羽、萧何、韩信，等等。

在学习历史时，我们可以相信历史，但不可以完全信赖历史。真实的秦朝距今已有几千年的历史。在这漫长的时间里，关于这个朝代的历史记录有多少是后来的统治者故意扭曲的历史事实，我们并不知道。所以，在研究历史时，我们应该带着探究和思考的态度去了解历史的真实性，这样才能从历史中获益匪浅。

4. 学史明理

◎ 4.1 教师在教学过程中应该注意的错误知识纪要

秦、汉是华夏两千多年封建王朝历史奠基的两个朝代，其历史虽属不同但常被并提。这是因为第一个封建王朝秦朝建立时间短暂，仅十五年，便被推翻，而推翻秦朝的汉朝整体又分为西汉和东汉，因此需要注意两者之间的区别。在教学过程中，西汉和东汉之间的区别容易混淆出现错误，此外王莽新朝也是容易出现错误的知识点。虽然新朝时间短暂，但它是秦汉历史中一个重要插曲，因此教师应在转折时重点讲解新朝故事。从学生感兴趣的历史故事出发，以知识点贯连、故事归类的方式加深学生对知识的印象，同时梳理知识脉络，使得教学更轻松自如。

汉朝外戚干政是汉朝历史中长达两百年的一个重要现象，也是历史学习中的重点内容。汉朝外戚权力过大是导致干政的重要原因之一，而这一根源可以追溯到汉高祖刘邦时期吕雉专政。然而，在综观汉朝历史的过程中，帝王个人能力较弱也是导致外戚干政的主要原因之一。因此，在教学汉朝历史时，教师应该注意外戚干政这一重要知识点，并从根源上进行讲解，以揭示其历史背景和深层次原因。

知识点相互关联，运用生动形象的语言讲解历史事件和人物，采用创新的教学方法，从多个角度帮助学生深入理解和感受该历史时期的文化和社会环境，进而使历史课程更加有趣、生动、易学。

在教授秦汉历史时，注重知识点的分类和界定是非常重要的。教师应该清晰地划分出不同的知识点，并精确地讲解每个知识点的内容和关联，以帮助学生更好地理解和掌握历史时期的要点。例如，可以将秦汉历史分为政治、经济、文化等方面，同时在教学中突出重点，并引导学生掌握基本概念和关键词汇。

此外，在讲解历史时期的知识点时，教师可以借助生动形象的语言和具体的历史事件、人物来加深学生的印象。例如，在介绍秦始皇统一六国时，可以使用"割据混战""两分天下"等来描述前秦和战国时期的混乱局面，进而引出秦始皇的统一大业，让学生更好地理解秦始皇的重要性和他的政治成就。

除了注重知识点的分类和界定以及运用生动形象的语言外，教师还可以采用一些创新的教学方法来帮助学生深入了解历史时期的文化和社会环境。例如，可以让学生进行历史角色扮演，模拟古代社会的种种情景，让学生更好地感受历史人物的生活和思想；又如，可以让学生制作历史文物模型，深入了解历史文化的具体表现和特点。

总之，教授秦汉历史需要注重知识点的分类和界定，并将各个知识点相互关联，运用生动形象的语言和具体的历史事件、人物来讲解，同时采用创新的教学方法，从多个角度帮助学生深入理解和感受该历史时期的文化和社会环境，进而使历史课程更加有趣、生动、易学。注重理论与实践相结合，帮助学生在历史知识上获得全面、深入的认识。

◎ 4.2 如何激发学生学习历史的兴趣

历史是一道重要的风景线，它是人类的见证者，记录着世界的发展史，体现着人类文明的价值。尽管它意义非凡，可在学生们的眼中，历史却往往成为一本枯燥无味的教科书，缺乏吸引力。为了让学生更好地理解历史、爱上历史，历史老师们需要解决的难题是如何打破历史的难读之谜。

对于秦汉历史的教学，老师们可以从学生感兴趣的点入手，以吸引学生的眼球。例如，可以介绍秦始皇帝的兵马俑、长城的建造等方面，让学生从中真正地感受到历史的魅力，从而激发学习历史的兴趣。

在历史教学中，老师的语言规范和出版标准也是至关重要的。要用通俗易懂的语言，引导学生逐渐理解抽象的历史概念，让他们能够真正地在中华民族历史发展中，感受秦汉这个被誉为黄金时代的朝代魅力。这个时期充满了丰富多彩的历史故事，许多神话和传奇也流传至今。学生们通常通过影视作品来了解这些历史故事。因此，老师可以从学生们耳熟能详的影视作品中入手，例如电视剧《大秦帝国》、电影《英雄》，等等。这些作品虽然可能与真实历史存在偏差，但却包含着丰富的历史信息。为了更好地传达正确的历史知识，老师可以强调影视作品中的历史真相。这样，学生们可以更好地理解历史，并在未来的学习和生活中受益。

在教育教学中，影视作品可以被用来当作学生学习历史的有力工具。一些影视作品中的故事和情节与真实历史有很大出入，这对于学生学习历史产生了挑战，因为这些影视作品往往会给学生一种不准确的历史观念。因此，老师有必要逐步截取影视作品中和真实历史有很大出入的故事和情节，并引导学生深入思考，让他们辨别正史和野史之间的区别。

在课堂上，老师可以通过分析影视作品中历史故事的情节、人物形象以及历史背景等因素，引导学生思考影视作品的历史意义与历史真相之间的关系。通过这些分析，学生可以深入了解秦汉历史背后的真实故事。在观影的过程中，学生将会对历史有更深刻的认识，同时也能够识别哪些是真实的历史事件，哪些是虚构的情节。

在引导学生深入思考的同时，老师还可以提供一些有关秦汉历史的正史资料，帮助学生理解真实的历史事件和人物。通过这些学习和思考，学生可以对历史有更加全面和深入的认识，同时也可以培养学生的判断能力和思考能力。

在学习历史的过程中，影视作品可以是一个很好的辅助工具。通过教育教学中的引导，学生可以深入了解历史，并更好地理解历史的意义和影响。

当学生们能够辨别正史和野史的区别时，他们对历史的认识将更加深入。教师应当进一步引导他们深入了解真实的历史故事，以此激发学生对秦汉历史的思考和探究。此外，许多秦汉历史中的真实故事都包含着惊险的情节和感人的人物形象，这些故事将会让学生更加深入地了解这段历史的背景和内涵，进而增强他们对秦汉历史的学习兴趣。因此，学生们能够在正确的指导下发掘历史真相，加深对历史的认知，从而拓宽他们的历史视野，进一步提高他们的综合素质。

在教学中，秦汉历史的学习需要从学生感兴趣的点入手。老师可以通过引导学生观看影视作品中的历史故事，并让他们分析故事中真实和虚构的部分，以此激发学生对真实历史故事的兴趣，引导他们对历史有更深入的认识和理解。

历史像一面镜子，只有当学生真正热爱历史，才能让他们从中受益，并更好地参与中华民族历史的发展和进步中。因此，老师在教学时应该从学生的兴趣出发，以创造性的教学方式和为基础，来激发学生的学习热情和兴趣。

第四章 魏蜀吴三国分天下
（公元220—公元280）

一、三国的起源与兴衰

"天下大势，分久必合，合久必分"，这句话是我国四大名著之一《三国演义》的卷首语。在周朝末年，中国被七个诸侯国（齐楚燕韩赵魏秦）所统治。然而，在西元前221年，秦朝灭亡其他六国并统一了中国。后来，西楚霸王项羽和汉王刘邦开始争夺天下，最终项羽自刎而刘邦胜出，终结了楚汉之争，重新统一了中国。

然而，东汉末年，中国又再度陷入一片混乱，英雄豪杰争夺天下，最终分为曹魏、蜀汉、孙吴三个国家。这个时代是非常独特的，历史上没有一个朝代与三国时期相似，因为在这个时期，出现了非常多的英雄人物。即便是现在，人们仍在缅怀当时的风云人物和三国时期的传奇故事。三国时期的故事已为人熟知，人们可以经常在影视作品、动画和游戏中看到与三国相关的元素。

1. 魏: 公元 220—公元 266

◎ 1.1 魏国的建立与灭亡

公元 220 年，魏国正式建立，史称曹魏。当时，东汉末期，朝廷内部混乱，中央集权制度瓦解，地主豪强肆意欺压百姓，侵占土地，人民生活异常艰难。在这种情况下，一些百姓难以忍受，纷纷发动起义，他们头戴黄巾，自称"黄巾军"，这就是著名的"黄巾起义"。该起义规模空前，组织结构呈宗教性质，是中国历史上最大的一次农民起义。由于黄巾起义声势浩大，参与人数众多，朝廷无力镇压，只能允许地方政府自行组织募兵平定战乱。在地方政府的武力镇压下，黄巾军很快被消灭，但这也为地方割据势力的膨胀扫清了道路。此时的东汉朝廷早已腐朽不堪，沦为了割据势力的垫脚石，最终名存实亡。

公元 196 年，曹操借汉献帝之名，以"挟天子以令诸侯"的方式，讨伐各地的诸侯，先后击败袁术、吕布，灭亡他们的势力，降伏了张绣，驱赶了刘备[1]，确立了魏国的

---

[1] 三国（中国古代汉朝、晋朝之间的历史时期）- 百度百科。

强势地位。曹魏在历史上具有重要地位。

在公元 200 年，也就是建安五年，袁绍与曹操的"官渡之战"，以曹操劣势胜利的形式结束。曹操历经数年的北方统一后，在公元 208 年，也就是建安十三年，废除了三公，恢复了丞相、御史大夫制度，并将自己任命为唯一的丞相。七月，曹操率军南下，攻占了荆州，旨在消灭刘备和孙权，从而实现自己统一天下的野心。在与刘备的大战中，曹操大败刘备，迫使他匆忙逃到夏口。随后，刘备和孙权联手抵御曹操。在赤壁之战中，周瑜用火攻连船的计策战胜了曹操，迫使他率军北撤。

曹操回到北方后，转向西北，占领了陇西等地。然而，由于他年岁已高，再也无法像以前那样南下征伐。此后，曹、孙、刘三足鼎立之势开始显现。在公元 220 年，也就是建安二十五年，曹操在洛阳去世。他的儿子曹丕继承了魏王的称号，篡汉称帝，开启了三国时期。

曹丕即位后，继续推行屯田制度和租调制度，稳步发展北方经济，逐渐恢复和提高了社会生产力，保障了人民的生活水平，促进了社会的稳定和繁荣。在曹丕的七年统治之下，北方地区得到了迅速稳定和健康的发展，曹魏的实力也在不断增强。

然而，这一繁荣稳定的局面并未持续太久。曹芳继位后，宗室曹爽和太尉司马懿之间多年来的明争暗斗不断升级。最终，司马懿以谋反的罪名杀死了曹爽等人，夺取了曹魏的大权。司马懿凭借自己的个人军事谋略不断获得胜利，借机巩固自己的统治。随着蜀汉国力的衰微，司马氏开始实施灭蜀汉的计划。在公元263年，司马氏出兵灭掉了蜀汉。在公元266年，司马炎逼迫曹奂让位，自己称王唐，将国号改为"晋"，曹魏也从此消失。

2. 蜀：公元221—公元263

◎ 2.1 蜀国的建立与灭亡

公元221年，刘备自称汉室后裔，于成都称帝，建立了蜀国，历史上又称蜀汉。刘备虽然是中山王刘胜的后代，但到了他这一代，家境已经中落，与母亲相依为命。在黄巾起义中，他受到援助，建立了自己的武装力量，并在镇压起义时表现出色，从而获得了官职。但由于当时各地势力互相争斗，刘备的实力不足，只能在各个诸侯国之间游说求援。

衣带诏事件后，刘备反对曹操，并与他成为敌人。但由于个人实力的不足，无法正面对抗曹操，刘备只好辗转投靠荆州的军阀刘表。建安十三年（公元208年），刘备确立了自己远大的奋斗目标，也请来了诸葛亮作为自己的军师。在赤壁之战中，他与孙权联手，成功地击败了曹操。

公元 209 年至 219 年这十年，刘备的势力迅速壮大。他手下的将领关羽、张飞、赵云、黄忠等个个勇猛善战，而军师诸葛亮等则深谋远虑。君臣齐心协力，收复荆州，占领西蜀和汉中，还纳了一批名将，为蜀汉政权的建立打下坚实的基础。公元 221 年，曹丕篡汉成帝，刘备也建立了自己的蜀国，国号汉，建元章武。同年，刘备以为关羽报仇的名义，率军进攻东吴。公元 222 年，刘备在夷陵遭到陆逊围攻，因此失去了许多文臣武将，只得退回永安。孙权察觉到了刘备并没有回成都的意图，意识到刘备想要吞并东吴，于是派遣使者前去商议和解。最终，刘备同意和解，宣告着结束战争。

章武三年（公元 223 年），刘备在永安因病去世，托孤于诸葛亮。刘禅于 5 月在成都即位，成为蜀汉的皇帝，而诸葛亮担当起了政务辅助的重任。一方面，他修好东吴；另一方面，他制定了各种国家制度，致力于农业生产力的发展，致力于让百姓安居乐业，逐渐实现国富民强的目标。

之后几年，诸葛亮率领汉军平定了南方四郡的叛乱，擒获了孟获等南蛮将领，获取了资源，扩张了领土，进军汉中，纳魏延入丞相府，准备北伐行动。诸葛亮多次对魏发动进攻，但都未真正取得胜利，最终未能实现"兴复汉室"的目标。公元 234 年，诸葛亮在北伐的途中因病去世，汉军无奈撤回，北伐行动被迫停止。

诸葛亮去世后，刘禅根据诸葛亮的遗愿，任命蒋琬、费祎等人担任重要职务。虽然这些人才华横溢，但与诸葛亮仍相差甚远，他们只能按照诸葛亮的治国理念维持朝政稳定，未能推进蜀汉的发展进程。

公元 258 年，宦官干政，汉朝政治开始腐败，费祎去世后，无人能够有效治理国内事务。虽然姜维有军事天赋，但在治理国家方面却知之甚少，再加上连年征战，蜀汉国力不断下降，逐步走向衰落。

公元 263 年，魏军分成五路大军，讨伐蜀汉。刘禅受黄皓鬼神之说的蒙蔽，没有及时采取应对措施，最终被谯周劝降。姜维曾有意投降钟会，企图借机复国，然而计划被泄漏，姜维等人全部被杀。自此，蜀汉灭亡。

3. 吴：公元 229—公元 280

◎ 3.1 吴国的建立与灭亡

吴国起始时间可以追溯到公元 229 年，而结束时间则是公元 280 年。这个政权的建立者是孙权，吴国的版图遍及中国东南部。孙权最初依附曹操，被封为吴王，但在公元229年时，他决定在武昌称帝，正式建立了吴国。这个历史时期通常被称为孙吴，初始年号是黄龙。由于吴国在与曹魏和蜀汉的三国鼎立形势中位于东部，因此也被称为东吴。在这个时期，吴国的政治、经济和文化方面都取得了显著的成就，成为中国历史上一个不可忽视的存在[①]。

在东汉末年，黄巾起义爆发，孙坚积极参与了平定动乱的工作，并表现出色。此外，孙坚还参与了平定西北地区的战乱，之后被封为长沙太守。在董卓之乱时，孙坚与袁术联合起来，共同讨伐董卓，而且还率领军队攻打荆州，为国家立下了汗马功劳。不幸的是，他在战斗中中箭身亡，结束了辉煌的一生。

公元194年，孙坚的长子孙策带领孙坚的旧部攻打庐江，并开始向江东发展，占领了会稽等地区，实力逐渐增强。随后，他拒绝了袁术的请求，改而联合曹操，被封为吴候。在建安四年（公元199年）袁术去世后，孙策兼并了袁术的旧部，并征讨江夏，夺取了豫章等地。

在建安五年（公元200年），孙策突然去世，他的弟弟孙权接替了他的位置，得到了周瑜等人的大力支持和谐

---

①孙吴（三国时期政权）_百度百科.https://baike.baidu.com/item/%E5%AD%99%E5%90%B4/3129077.

助，成功平定了庐江地区。之后，他多次进攻黄祖，占领了江夏郡的部分土地，并攻取了荆州南郡公安。除此之外，他又占领了江陵，并消灭了刘备在荆州的势力。

公元221年，刘备称帝，率领兵团进攻吴国，孙权害怕腹背受敌，决定在表面上亲附魏国，被封为吴王。在接下来的几次战斗中，孙权战胜了蜀汉军队。夷陵之战后，孙吴与蜀汉再次结盟，共同对抗曹魏，三国鼎立的局面出现了相对稳定的对峙态势。

在公元222年，曹丕亲自带兵进攻东吴，但三次进攻都受到了阻碍，未能顺利攻占吴国。直到公元228年，在周鲂的欺骗下，曹休前往皖城，但此时孙权已经带领大军做好了准备，以待曹休的到来。等到曹休意识到自己处于不利的条件下时，已无法回天。在石亭之战中，魏国蒙受了巨大的损失。随后的24年中，曹魏再未发起过大规模的进攻孙吴的战争，这一安稳的处境为孙权称帝立下了坚实的基础。

在公元229年，孙权在武昌称帝，改元黄龙，并将都城迁至建业，即今天的南京。此后的几年，孙权多次袭击曹魏，但都没有取得实质性的胜利。公元241年，孙权的长子孙登去世，太子孙和被立为继承人，孙霸被封为鲁王。然而，这种做法引发了二宫之争，朝中大臣纷纷依附于两位王子。最后，孙和被废，孙霸遭到赐死，太子的位置最终落到了孙亮手中。从这个时期开始，孙吴逐渐走向了衰退的道路。

在公元 252 年，孙权去世后，他的继承人孙亮登基，然而由于孙亮还年幼，所以诸葛恪等人扶持他辅政。诸葛恪在东兴之战中率领四万吴军迎战魏军，取得了彻底的胜利。但诸葛恪在征战淮南的过程中遭到孙峻等人的谋杀，使得大权落入孙峻手中。孙峻去世后，他的弟弟接管了吴国政权。然而，他非常残忍好杀，孙吴的许多将领都惨死于他的手下，这种内斗也加速了孙吴的衰落。

公元 258 年，孙亮被废黜，孙休继位，并且国家权力逐渐被孙綝等人掌握，他们曾一度拥有超越了皇帝的权力。孙林忍辱负重，最终杀死孙綝，重新掌握国家政权。虽然孙休在执政期间大力推行许多民生政策，但孙吴依旧无法得以振兴。

公元 364 年，孙休去世后，孙皓即位。孙皓天生残暴，不断发动战争，耗尽了大量的国家资源，但并没有改变孙吴衰落的局面。越来越多的战争，也加速了孙吴的灭亡。公元 208 年，孙皓投降，孙吴终于宣告灭亡，这纷纷扰扰的天下又进入了晋朝统一的时代。

二、朝代兴亡的虚与实

关于三国时期的开始时间，历史学家有着不同的观点。有人认为，三国时期应该从公元220年开始，因为这一年曹丕迫使汉献帝退位，自己称帝并建立了魏国。而另一些学者则认为，从公元184年黄巾军起义开始，东汉政权失去控制，群雄割据，三国雏形初现。因此，184年到220年之间应该被视为三国时期的早期阶段。历史上存在争议，但从某种程度上来看，这种争论是有益的，因为只有在存在争议的情况下，人们才会更深入地探究真实的历史。

我们通常是通过《三国演义》等文学作品和电视剧来了解三国历史。然而，这些作品只是文艺创作，往往存在对历史事件和人物的夸张和刻意渲染。因此，真正探究三国历史的人很少。尽管在《三国演义》中出现的很多英雄人物都是真实存在的，但是，为了营造人物形象，文艺作品往往会放大人物正面或负面的形象，这导致历史事件和历史背景也出现了很大的差异。

那么，真实的三国历史究竟是什么样子的呢？我们可以从熟悉的"三国"小故事入手。

1. 故事：曹操的故事

曹操，治世能臣，乱世奸雄。这是后世对其的评价。京剧中，曹操是白脸黑眉，黑鼻戴髯口，这是狡猾、奸诈、诡计多端的负面形象。在后世的评价中，曹操也被视为极具权谋的奸雄代表之一，甚至给他编造了很多不实的故事来凸显其残忍和奸诈之处。

其中有一个故事，是讲曹操在刺杀董卓失败之后，拼尽全力带领一众人逃离现场。曹操的父亲曹嵩有一位结义的兄弟叫吕伯奢，曹操在走投无路之下，投靠了这位叔叔。吕伯奢热烈欢迎曹操的到来，想要为他设宴盛情款待，但意外发现家里没有酒了，于是就让曹操先安歇，自己去买酒。当吕伯奢离开后，曹操听到了后院传来的磨刀声，还隐约听到了听众说要绑起某个东西来杀。因为误会，曹操以为自己被追杀的事情败露，怀疑吕伯奢的家人要杀的是自己，同时想要拿自己的人头去邀功领赏，一怒之下索性先下手为强，除吕伯奢之外，其余家里的 8 口人全部被曹操所杀。

当曹操杀完人后，才发现原来家里要杀的是一只猪，因为是准备杀猪招待自己，这让曹操非常后悔。但是，已经造成的结果无法挽回，曹操只能继续逃亡。在逃亡的过程中，曹操碰巧遇到了吕伯奢，而曹操没有选择讲理，而是趁吕伯奢不注意，迅速挥剑将他杀死。曹操旁边的陈宫非常不理解，曹操已经杀了他的家人，为什么还要再杀吕伯奢。曹操则在这个时候说出了那句著名的话："宁为玉碎，不为瓦全。"曹操认为吕伯奢会带人追杀他，因此先斩草除根，就将他杀了。而陈宫认为曹操的做法是不讲义气的。曹操则认为自己的做法是为了不让天下人负他。因为这次分歧，陈宫离开了曹操，去投靠了吕布。

据《魏书》记载，实际上吕伯奢是曹操的朋友而非曹操父亲的朋友。当曹操在逃亡路上向他投靠时，恰逢吕伯奢不在家。然而，吕伯奢的儿子却心生恶意，企图与家人商量抢夺曹操的金钱财宝。可惜，他的计划被曹操发现，最终导致了几人的死亡。依照这一说法，吕伯奢的家人已经有了错误行为。在现代，曹操的行为可以被视为正当防卫。即使在三国乱世，这种像屠杀牲畜一样的行为也应被认为是正义的一方。吕伯奢的儿子的残暴以及他的道德品质都是极其卑劣的。从某些意义上说，曹操的行为可以视为是在为民除害。不过，为了突出曹操的心狠毒辣的形象，很多残暴的事迹被张冠李戴在他的身上。

2. 故事：吕布与貂蝉

"沉鱼、落雁、闭月、羞花"这四个词描述的是中国古代的四大美女：西施、王昭君、貂蝉和杨玉环。而今天我们想讲的是被誉为"闭月"的貂蝉。说到貂蝉，就不得不提到吕布，一部以他和貂蝉为主要内容的电视剧《吕布与貂蝉》讲述了这两个人在三国乱世中的爱恨情仇。

吕布是董卓的义子，董卓荒淫无度，很多大臣都看不惯他的行为。大臣王允早就想杀了董卓，便心生一计，让歌姬貂蝉设计离间董卓、吕布二人。在和貂蝉商量之后，王允设宴邀请吕布参加。在宴会上，貂蝉为吕布斟酒，姗姗来迟，轻盈的步履如仙子一般。吕布本来就喝了很多酒，看到貂蝉这样美的女孩，不禁酒劲上头，神游如仙。貂蝉的任务是为了整治吕布，自然对他的反应很满意，便对他暗送秋波。吕布越喝越多，酩酊大醉。

随后，王允让貂蝉给吕布唱歌跳舞。貂蝉身姿轻盈，舞跳得好看，歌唱得也好听，吕布更加着迷了，他瘫坐在座位上。王允喊了好几声才叫醒了他。随后，他问道："这个女子是谁，是否已嫁人？"王允笑了笑，告诉他貂蝉是他的义女，尚未婚配。如果吕将军有意，可以将她许配给他。吕布很高兴，一跃而起，随后下拜，商定了婚期吉日后，就开开心心地回家了。

过了几天，王允趁吕布外出时，又设宴请董卓来到府中。在席间，貂蝉依旧敬酒，为董卓唱歌跳舞。董卓本身就非常荒淫，看到貂蝉后更是惊为天人，称赞不绝。这一切都是王允精心策划的，他把貂蝉推荐给了董卓，董卓一听就带走了貂蝉。

吕布回来后知道了这件事，气急败坏地去质问王允，说他不守承诺，明明已将貂蝉许配给他，为什么要让别人带走她。王允一脸无辜的样子，声称董卓来赴宴时，知道貂蝉已经许配给了他，就替他先接回貂蝉。如果吕将军不相信，可以回去亲自问问董卓。

吕布将信将疑，回到董府后，却发现貂蝉早已被董卓玷污。他气不打一处来，又去找王允。王允假装好心劝说，说可能是家里下人在胡说，毕竟董卓是朝中重臣，怎么可能违反礼义廉耻呢？将军还是亲自去问问董卓吧，别被有心之人骗了。

吕布再度回到董卓的府邸，董卓不在。这时，他邂逅了貂蝉。貂蝉见到吕布就泪如雨下，让吕布感到十分心疼。貂蝉哭诉称早已遭到董卓的侵犯，建议吕布另寻他人成家。如今被迫陷入这种地步，不如早死解脱，貂蝉甚至欲跳池塘寻死。吕布紧紧抱住貂蝉，气愤地表示："我一生被人称为英雄，但连自己喜爱的女子都保护不了，这算什么英雄？我一定要迎娶你，否则誓不为人！"

受历史史料的局限，吕布确实存在，但我们无法证明貂蝉这一角色存在。史料记载，吕布与董卓的一位侍女有私情，但这并非导致吕布与董卓关系紧张的主因。另外，也没有确凿证据表明王允曾经设计离间两人的关系。因此，董卓被吕布杀害和吕布因为杀害义父而被杀与貂蝉无关。

自殷商时期开始，甲骨文的出现标志着人类初步拥有了文字，人们借此来记载历史。然而，随着历史的演变，并非所有的历史都能被准确地记载下来。由于历史的记录者是人，而人则是感性的动物，每个人的看法都不尽相同。因此，历史的记录难免会受到个人情感影响，将个人情感融入其中。特别是在当今的一些文学和影视作品中，编剧和作者为了表现自己的立场或者描绘人物性格特征，往往会夸大一个人的某些特性。这种加工虽然具有艺术性，但也容易让本就错综复杂的历史变得更加扑朔迷离。想要真正了解三国历史，我们应该多多阅读正史，通过多角度印证来了解真实的历史。

在影视剧中，曹操经常被刻画成为一个反面角色。这种刻画似乎给人一种曹操是一个狡猾奸诈、多疑凶残的人的印象。而且在与敌人作战的时候，曹操经常处于被动挨打的困境之中。如在张飞喝断当阳桥的故事中，曹操甚至被吓得仓皇逃窜，毫无主公应有的样子。此外，曹操在用兵方面也不得力，个人主见不强，完全依赖身边的谋士出谋划策。无论谋士提出什么意见，曹操都会毫不犹豫地表示赞同，缺乏决断和智慧。然而，历史上曹操真的是这样吗？很明显这是值得探讨的。

实际上，曹操是一个十分有才华的人。他在文学、书法、诗词、音乐方面都有很高的成就，是诗歌大家，也是建安文学的开创者之一。他的诗歌有20多篇，全部都是乐府诗体，并且现今我们还可以在书本上欣赏到曹操的佳作，去体验一代英雄的心灵气质。在政治谋略方面，曹操具备很强的政治意识，他有着长远的眼光和卓越的大局观，不拘于小节，却也不会错过任何一个细节，是一个出色的政治家。在"挟天子以令诸侯"的时期，曹操促进了北方的统一，对东汉的政治制度和农业社会的发展也做出了一定的贡献，如建立了很多新的制度，使当时被战乱破坏的社会得到了稳定快速的发展。

曹操还是一个杰出的书法家，他被誉为"汉末五大书法家"之一，汉中博物馆现今仍保存着曹操唯一的书法真迹。除此之外，曹操在带兵打仗方面也有独特的见解。他亲自领兵征讨叛乱，勇猛异常，是一个文武双全之才。曹操从小就聪明伶俐，喜欢研究兵法，但并不是纸上谈兵，而是在实战中也能灵活运用。他亲自策划和指挥多场战役，获得了极大的胜利。曹操十分珍视他的手下将领，极度看重那些才华横溢的人，因此在他麾下的将领也能够得到重用。

当我们回顾三国的历史时，我们能看到为了自己事业奋斗的英雄群像。特别是对于青少年而言，他们将三国英雄视为自己的偶像。但很少有人思考，在如此动荡不安的社会背景下，底层百姓的真实生活是怎样的？他们应该如何应对？

"民大饥""人相食""尽屠之"，这些简短但意味深远的词，往往在这种充斥英雄气概的情景中被忽略。然而这几个词却真实地描绘了底层百姓的苦难史。在三国时期，人们生活在一个互相残杀，人吃人的世界里。

在汉朝末年，连续发生的大地震和旱灾导致百姓们无法收获粮食，生活变得异常艰难。百姓们陷入大规模的饥荒之中，甚至发生了相互食用的情况。另外，在这个时期，黄巾起义爆发了，朝廷内部的腐败和无力制止暴乱的局面加剧了底层百姓的困境。尽管朝廷设法镇压了黄巾军，但实际上黄巾军的兴起只是受难的百姓的一次挣扎。如果没有这个起义，这些百姓可能只能默默受苦，生活不会有任何改善。然而，也正是这场起义让数以万计的人民丧生，为当时的社会带来了更多的恐慌和不安。此时，人们最需要的是领袖的帮助和援助，然而朝廷无力施行措施，这让百姓的处境变得更为艰难。

除了自然灾害，人为的暴行也给百姓带来了更多的痛苦。从董卓开始进京，洛阳城里的百姓们就开始经历了几乎是噩梦一般的生活。在董卓发动对周边城镇的烧杀抢掠行动之后，他的士兵们又在春社祭祀活动中突然袭击了洛阳的男性百姓，砍下他们的头颅，并将女性和财产掳走，宣传自己是在打击黄巾军。此外，董卓还逼迫皇帝迁都，荒诞地挖掘汉朝时期的贵族陵墓以便搜刮财物，包括普通百姓的陵墓也未能幸免。迁都后，他还强征百姓筑造储存粮草的郿坞。这样的残忍行径导致了无数百姓的死亡，被杀死、迫害致死和饿死的人更是不计其数。

即使在底层百姓不断呼吁的时候，各地的势力也没有采取行动来改善百姓的处境。曹操在镇压黄巾军后，收编了三十万军士，也吸纳了百万百姓跟随他。这充分反映了那个时期百姓的生活有多么艰难，他们甚至宁愿冒着生命危险去参军，因为至少还能有口饭吃。不过，在曹操带领的多次战争中，常常发生屠城、掘渠水灌城、发动攻城战、残害倭寇等情况。百姓们在这样的乱世环境中，除了要上交赋税来维持军队开支，还要承受战争带来严重影响。越来越多的战争带来越高的赋税，到了最后，人们实在承受不住，他们不得不将人肉掺杂进粮食中交纳赋税。由于生活太过艰难，很多百姓只能在战乱和饥饿中丧生。

据传，祸不单行，东汉末年的三国时期，瘟疫肆虐，致使当时的百姓伤亡严重。在古代，医疗条件较为简陋，穷人无法承受医疗费用，更何况是在战火纷飞的年代。建安二十二年，一场瘟疫在全国范围内爆发，每户人家都有亲人死于此病灾，甚至"建安七子"中的五人也在这场瘟疫中丧生。加之其他自然灾害和连绵不断的人祸，致使晋朝人口从汉朝时期的五千多万锐减到 1600 余万。英雄时代的背后，都有无数的百姓为其买单，这让人深思。

三、学习魏蜀吴历史受到的启发

以史为鉴，了解兴替之道。在朝代更迭的历史长河中，战争几乎遍布其中。残酷的历史教育我们珍爱和平，百姓安居乐业，社会繁荣发展，保障温饱和有固定的居所成为我们的向往和憧憬。如果问每个历史人物，是战争好还是和平更好，相信更多的人会选择和平。但和平并不简单，它需要付出很大的代价。今天的和平更是先辈们用生命换来的，我们作为后人，更应该珍惜这来之不易的和平，尽自己的力量去维护它。

三国时期，虽然混乱不堪，但许多英雄豪杰却被民间广为传颂。人们或多或少将自己代入故事中，希望切身去体会所喜爱的人物的豪迈和壮阔。这是三国故事至今仍焕发活力的不朽魅力所在。

学史明理

◎ 1.1 教师在教学过程中应该注意的细节

在三国时期，许多民间流传的故事与史实有一定出入，因此，教师在教学过程中应该注意区分真实历史和虚构故事，以免给学生带来错误的指导。例如，在分析曹操的性格时，需要从多个角度去探讨，注重史实，不能先入为主地认为曹操是奸臣。

在后世流传的故事中，诸葛亮被过度神化，影视和戏曲艺术等作品更是把诸葛亮描绘成知晓未来的神人，并把其他人的经历移植到他的身上，以突出诸葛亮的才能。例如，"舌战群儒"和"连环计"都是虚构的故事，"草船借箭"是发生在孙坚父子身上，而不是诸葛亮。

故事"刮骨疗毒"生动地彰显了关羽的勇气和忍耐力，但历史上刮骨疗毒的故事和人们熟知的也有一点不同，华佗并没有为关羽治病，而是其他人。由于这个故事被广泛传播，有很多人被蒙蔽，所以教师在教学过程中需要特别注意指出这一点。

◎ 1.2 如何激发学生学习历史的兴趣

三国历史深受青少年喜爱，但很多人所熟知的版本都是来自电视剧、电影和小说。这些版本与正史有所不同，正史又因为其枯燥难读而受到青少年的排斥。如何激发青少年学习三国正史的兴趣，就成了一个重要的问题。

在与学生交谈中，我发现学生对影视剧《三国演义》十分喜欢，很多学生敬佩影视剧中的英雄人物。由此可见，影视作品对学生的影响极大。然而，《三国演义》在对人物的演绎方面与正史有很大区别。在教学过程中，我尝试着通过播放一些与正史不一致的视频片段，来加深学生对正史的理解。学生看到这些片段时，热血沸腾，但当我讲到其中与正史不一致的内容时，学生更多的是持怀疑态度。我根据史书的记载对一些错误的地方进行论证，发现这些错误根本经不起推敲。这种方式虽然让学生心理受到打击，但我这种论证方式却激发了学生前所未有的兴趣。

在讲述关于三国的故事时，我事先寻找好一些与史实有出入的视频，以便在课上给学生们播放，并且在课后让他们主动去发现哪些地方是错误的，哪些是与史实不符的。学生们纷纷查找一切能证明史实的资料。这种教学方式能有效地提高学生学习的兴趣。

近年来，《王者荣耀》这款游戏已逐渐成为孩子们手机中的主流游戏。游戏中各英雄人物都被赋予了不同的技能和特点，许多历史名人和武将也在游戏中出现，但他们的形象与历史略有不同，往往被赋予了虚构的技能和特点。例如历史上的小乔是周瑜的夫人，但在游戏中，她成了一个可以拥有幽灵疾步和治疗术的召唤师；曹操则是魏国的将领，但在游戏中，他是一个拥有霸道之刃和纵横天下技能的战士；就连诸葛亮这种在三国里属于文臣的形象，在游戏中也具备了极强的时空穿梭等技能。对于青少年学习历史来说，这种虚构形象的存在可能会造成一定的负面影响。

然而，现代社会中青少年对于游戏的热爱程度远超过了对于历史学习的热情，因此如何将青少年的游戏热情转化为对历史的学习兴趣，成了我所关注的重要问题。为了了解学生的喜好，我特意下载了《王者荣耀》这款游戏，并让学生向我介绍各位英雄的玩法。一开始，孩子们还对我这个历史老师想了解游戏感到怀疑，但由于我年轻时也曾经玩过游戏，因此很快便能够轻松上手。在我与学生们一起打游戏的过程中，也可以适当地监督并管理他们的游戏时间，了解哪些学生有过度上瘾的趋势。

当然，为了让学生更加有兴趣地学习历史，我还采取了一些激励措施。例如，在历史课上获得第一名的学生可以得到我赠送的王者英雄皮肤作为奖励。这种方式受到了学生们的欢迎，他们都希望自己能够通过学习历史来获得这样的奖励。

在游戏过程中，我也会与学生们讲解各个英雄人物的正确历史事件。我向他们明确表示这些虚构的技能和特点并不代表在历史上这些人物也具备同样的强大力量。历史是残酷的，战争中也没有第二次重生的机会。通过这样的方法，学生们对于历史人物的认知也更加正确和全面。

在历史教学课上，我经常精心设计趣味性的开堂小故事，大大激发了学生对课堂的兴趣。为了让学生更深入地融入课堂氛围，我经常将主动权交给学生，让他们自己成为老师，分享历史上有趣的知识点。这种方式取得了非常好的效果，很多学生能够自主挖掘书本上没有的新知识，与同学分享，获得快乐。这种方式不仅能让学生在快乐中学习，还能让他们对历史产生浓厚的兴趣，铭记历史，从中获取新的知识，拓展个人发展空间。这或许是我身为一名普通历史老师最欣慰的事情。

兴趣是人类行为的源码，是最具有推动力的学习动力。因此，教学模式应该营造积极活跃的课堂氛围，而不应该单方面向学生灌输知识。

在日常的教学中，教师可以采用"分享今天历史小知识"的方式，鼓励每位学生准备一些来源可考且较为陌生的历史小知识，以此提高学生的主动学习能力并激发他们的课堂热情。这种教学方式能够让他们更加积极地参与到课堂中来，同时也能够激发他们对历史知识的兴趣和好奇心。同时，这种方法也有利于培养学生的信息获取能力和创新思维能力，从而提高他们的综合素质和竞争力。因此，在日常的教学中，使用这种方法是非常有效和实用的，值得教师们广泛采用。

虽然教科书是学习的主要资源，但单调的文字往往难以激起学生的兴趣。为了激发学生的学习兴趣，漫画和插图的使用是非常有必要的。通过简单的画面提示，学生可以快速理解相关的词汇和人物，逐渐拓展到整个历史事件，从而逐步扩大他们的知识面。该渐进式方法不仅能够帮助学生更好地理解历史知识，还可以培养学生主动探索的能力。

学习历史是一个漫长的过程。因为我们所处的今天，也可以成为千年之后的历史，所以我们需要精准引导青少年去学习历史，让那些看似枯燥无味的历史内容变得更为生动和有趣，从而让历史不再沉寂于我们的心中。

第五章 二晋

一、晋朝的起源与兴衰

晋朝作为中国历史上的一个朝代，晋朝的兴衰历程并不像汉朝和唐朝那样辉煌壮观，因此在许多史书中往往不被过多提及。晋朝分为西晋和东晋两个朝代，它们相继组成了一个历史不足两百年的朝代。在这两百年中，晋朝历经八王之乱、五胡乱华等多次动乱，导致整个朝代政治不稳，社会动荡，人民生活陷入极度困境。这也是晋朝不被人们重视的另一个因素。然而，即使如此，晋朝仍然是一个非常独特的朝代。

晋朝的历史背景十分特殊，它横跨了三国和南北朝两个时期，承上启下的作用十分明显。但是晋朝的建立却并不光彩，它是由司马炎篡夺魏国皇位而建立的一个王朝。在三国时期，司马家族是魏国的士族，司马炎的祖父司马懿更是曹操麾下的大将，忠于曹家。然而，司马炎却迫使当时的魏国元帝曹奂退位，自己篡夺了皇位，这也是晋朝历史上不被人们看好的原因之一。

1. 西晋：公元 265—公元 317

◎ 1.1 西晋兴起与灭亡

西晋自公元 265 年至公元 317 年，建朝到灭亡仅历经短暂的 56 年。在此期间，西晋却先后有司马炎、司马衷、司马炽、司马邺四位皇帝执政。然而，西晋的兴盛时期主要集中在晋高祖司马炎统治的 25 年间。

在位初期，司马炎以推行革新和依法治国为主，重视经济发展和财务的规范管理。他采取节俭措施，推行户调式以增加晋朝的人口数量。在其颁发的一系列惠民政策的推动下，西晋迅速发展，社会经济呈现繁荣景象，初露盛世之貌，被称为"太康之治"。

然而，司马炎晚年日益昏庸，沉湎于享乐，导致西晋逐渐衰落。公元 290 年，司马炎逝世，终年 55 岁，被追谥为武皇帝，庙号世祖。西晋在晋武帝去世后，陷入混乱和动荡，短短 20 年左右的时间，便走向了灭亡。

2. 东晋：公元 317—公元 420

◎ 2.1 东晋的建立与灭亡

公元 16 年，匈奴建立的政权灭亡了西晋，这使得中国北方陷入了五胡十六国时期。西晋宗师司马睿灭亡西晋仅一年左右的时间内定都建康，开启了另外一个时代——东晋时代。东晋王朝共历经 103 年，历经 11 位皇帝，大部分时间处于动荡中。然而，真正被视为东晋兴盛时期的时段，应该是淝水之战后。只有势力范围广泛，皇权得以相对稳定，以及人口充裕的时期才能被视为兴盛时期。

公元 383 年，东晋和前秦之间爆发的淝水之战是中国历史上著名的以少胜多的战争之一。在战斗中，东晋八万士兵击败了前秦八十多万大军，使得东晋王朝士气大振，东晋并借机北伐，将边界推至黄河南部，这场胜利在东晋历史上至关重要，特别是对于东晋兴盛时期的到来奠定了基础 ①。

在淝水之战后，东晋孝武帝司马曜借助这一机会收回了皇权，成为东晋唯一掌握皇权的皇帝。随着皇权的巩固，

---

① 淝水之战_百度百科. https://baike.baidu.com/item/%E6%B7%9D%E6%B0%B4%E4%B9%8B%E6%88%98/408354?fr=aladdin.

东晋人口开始稳定上升，自初年至太元二十一年，人口达到了巅峰。因此，淝水之战后的一段时间确实是东晋的繁荣时期。

然而，由于东晋的士族关系错综复杂，使得东晋的士族与帝王之间的关系逐渐紧绷，并且在北方的五胡十六国的威胁下，内部矛盾不断激化，东晋的衰落和灭亡已成为不可阻挡的事实。

司马德宗登基后不久，东晋爆发了大规模的农民起义，持续了整整十二年。这场起义让原本衰落的东晋更加岌岌可危。与此同时，桓温的儿子，即桓玄，他趁机废黜了司马德宗，自立为帝，建立了桓楚政权。不久之后，刘裕率兵起义，灭了桓玄，重新拥立了司马德宗。

在此后的十年时间里，刘裕西征蜀地，扫平江南，北伐中原，逐渐掌握了大权。直到公元418年，刘裕暗杀了司马德宗，改立其弟司马德文为帝。

一年之后，刘裕逼司马德文禅位，建立了刘宋，东晋彻底灭亡。随之，中国历史进入南北朝时期

二、朝代兴亡的虚与实（故事）

相比其他历史王朝，晋朝虽然存在时间短暂，但其在

历史上有着深刻的影响力。在晋朝风雨飘摇的历史事件中，八王之乱和淝水之战被认为是最具代表性，并对晋朝产生了深远的影响。

八王之乱，又称王莽之乱，指的是晋惠帝去世后，八位皇子相互争夺皇位的斗争。这场动乱的起因在于晋惠帝过世没有留下太子，同时幼年的皇子也未经过适当的教育。因此，在宦官操控下，八位皇子相互攻击，最终导致了晋朝政治和社会的混乱。这场动乱的发生，标志着晋朝开始走向衰落。

淝水之战则是晋朝历史上最重要的一场战，这场战争发生在公元 383 年。

1. 论：八王之乱

八王之乱是中国历史上著名的动乱之一，其起止时间为公元 291 年至 306 年，共历时 16 年。而这 16 年的时间可以分为前后两个重要阶段。第一阶段自公元 291 年 3 月开始，持续了 3 个月，至 6 月结束。第二阶段则从公元 299 年 6 月开始，一直持续到公元 306 年。历时七年[1]。

---

[1] 大头说古今 . "西晋的八王之乱，结局究竟如何？" https://www.toutiao.com/article/6711957425236214276/?&source=m_redirect.

在西晋时期，八王之乱是一场充满政治权力斗争的内乱，这场事件涉及八名皇族：汝南王司马亮、楚王司马玮、赵王司马伦、齐王司马冏、长沙王司马乂、成都王司马颖、河间王司马颙、东海王司马越。这些王子背后都有门阀世家的支持，他们都想要掌握国家大权，但最终，他们中的大多数都未能成功，以死亡或失败而告终①。

八王之乱是西晋时期最大的政治事件之一，对于整个朝代以及中国历史产生了深远的影响。这场内乱的主要原因是皇权的空虚和中央政权的削弱。而八王的支持者都是地方豪强和势力门阀，这些豪门世族掌握了大量的财富和势力，他们想要通过掌控中央政权来进一步巩固自己的地位和权力。

在八王之乱中，各个王子的地位和势力都不同。汝南王司马亮原本是西晋的皇太子，他拥有最高的地位和最广泛的支持。楚王司马玮是一位才华横溢的王子，他拥有一支强大的部队和广泛的民众支持。赵王司马伦和齐王司马冏则是门阀世族中的代表人物，他们拥有极为强大的势力和影响力。长沙王司马乂、成都王司马颖、河间王司马颙、东海王司马越虽然地位仅次于其他四名王子，也是中国历史上著名的英雄和名将。

---

①《中华赋》.散文网.https://www.sanwenwang.com/subject/3762089/.

八王之乱最终以司马亮失败、司马玮被杀、司马囧掌握中央政权的结果而结束。然而，这场内乱对于中央政权的削弱和中国历史的走向产生了巨大的影响。

由于频繁的政权更迭，西晋王朝处于动荡的状态，并最终面临灭亡。这段时间被认为是中国历史上最黑暗的时期。关于八王之乱的起因有很多争议，虽然在过去的历史中也出现过争权现象，但像晋朝这样诸王混战的情况是前所未见的。有些人认为这是由于司马炎篡夺曹魏政权而导致的，他们认为曹魏政权压制宗室并重用权臣和士族，这导致皇权被边缘化，而司马炎自己却也遭受了同样的待遇。为了避免此情况再次发生，司马炎在晋朝建立之初便封宗室子弟为王，并允许王爷们设立自己的军队，同时取消州郡的常备武装。这些王爷陆续被派往荆、扬、关中等重要地区担任中央兵马的统帅，逐渐取代异姓方镇，以使大晋朝江山永固。

但是，司马炎万万没有料到这一做法会埋下颠覆江山的隐患。由于诸王权力过大并掌握了重要的兵权，如果遇到一个能力出色的皇帝能够压制住他们，那么晋朝就能够保持平稳，但是接班人晋惠帝司马衷却缺乏治理国家的能力，逐渐导致了政权的边缘化，不是落入诸王之手，就是落入外戚和权臣之手。诸王看到皇权落入旁臣之手，自然不甘心，并且据传司马炎在临终前曾经嘱咐他们整顿朝纲、保护皇权，这也成为诸王争权夺利的正当理由，最终演变成了八王之乱。

另一种说法是，八王背后都背负着不同地区门阀世家的利益纷争，即使八王一开始并没有想要争夺皇位，支持他们的门阀世家也会进行怂恿和蛊惑。对于门阀世家来说，皇权式微才是最有助于他们的局面。八王之乱造成的最大损失便是皇朝宗室凋零，出色的皇宗之子们都已经覆灭，这些门阀世家便可以扶持傀儡皇帝上位，以便更容易地争夺利益。门阀世家的昌盛是两晋时期与其他朝代的不同之处，而八王之乱的出现给了他们可乘之机。早在司马炎把军权下放给诸王的时候，就已经埋下了八王之乱的隐患，再加上门阀世家的推波助澜，最终导致朝政混乱，西晋王朝覆灭。

2. 论：淝水之战

东晋时期虽然社会动荡，政治斗争激烈，但仍然有过辉煌的时刻，其中最著名的便是以少胜多的淝水之战。公元 383 年，东晋和前秦之间展开了一场决定生死的战争，这场战争最终以东晋八万军队战胜前秦二十万大军结束，给原本黯淡的晋朝历史上留下了重要的一笔。

在东晋时期，天下形成了南北对峙的格局。南方主要是东晋，而北方则由前秦掌控。前秦皇帝苻坚励精图治，让前秦逐渐变得非常强大，逐步统一了北方，打算南下吞并东晋，完成统一天下的历史使命。

苻坚曾多次派兵攻打东晋，为了应对前秦的征战，东晋宰相谢安率领军队应战，淝水之战便从此开始。公元383 年，苻坚派出了二十五万人的前锋部队，其中包括其弟苻融和张蚝等人，苻坚自己则亲自率领二十七万骑兵和六十多万步兵跟随其后，一路南下。

史书中记载："旗鼓相望，前后千里。"这也从侧面表明了秦军之浩荡，人数之众，展现了秦军争夺天下的决心。而秦军则凭借人数优势，很快攻克了寿阳。后得知东晋军队粮食将尽，为了将晋军一网打尽，苻融写信给苻坚请求速战。苻坚读信后大喜，抛下几十万大军，仅带了八千轻骑前去追击敌军。但是晋军却先发制人，派五千精骑偷袭了秦军，斩杀了一万五千名秦兵，扭转了战局。

苻坚得知局势不妙，急忙与苻融将二十多万军队从寿阳城转移至淝水河畔，列阵应战东晋军队。此时，东晋士气高昂，淝水河对岸布满了密密麻麻的秦军，渡河的希望已经非常渺茫。于是，晋军遣使向苻融提议："你们的军队沿岸列阵，让我们无法渡河。你们到底是想要速战速决，还是长期占据这里呢？如果你们稍稍退却，等我们的全军都渡河之后再决斗，这不就是我们共同希望的结果吗？"虽然部下们纷纷苦劝不能后退，但苻坚却说："我们远道而来，最有利的方式是速战。如果夹岸相持，何时才能分出胜负呢？现在正是半渡之际，我们应该趁势发起铁骑突击。"然而，他不知道晋军早已经洞察了他的作战计划。

当秦军开始撤退时，军中突然传来一阵震耳欲聋的喊声："苻坚败了！"这个消息一出，秦军心惊胆战，人心涣散。于是全军开始向后方逃窜，在逃跑的过程中，发生了非常严重的踩踏事件，而东晋士兵则争先渡河，追杀秦军。在这种情况下，秦军的伤亡人数不计其数，而东晋士兵杀敌更是数不胜数。

在淝水之战中，几十万秦军士兵最终惨败，仅有寥寥数万人存活下来，这场战争可以说是我国古代经典的以少胜多战役之一。前秦皇帝苻坚目睹大军失败，只能独骑逃跑，最终失去了与东晋再战的优势和底气。

淝水之战是一场精彩纷呈的战争，在这场著名的战役中衍生了许多经典典故，叫人津津乐道，其中一个典故便是草木皆兵。该成语源于苻坚在深夜隔江望敌时，将对岸整齐排列的草木误认为敌军，良久才发现自己的错误，这展现了苻坚的信心不定，一定程度上对前秦军队士气产生了消极影响。

另一个经典典故则是风声鹤唳。淝水之战大败后，前秦军暂时放缓了南征的步伐，此举令东晋军感到困惑。然而，谢安意识到苻坚为急功近利之人，绝不会停下修整，于是派谢玄前往敌营探查虚实。并以激将法对苻坚说："你这样的话对双方都不利，你可撤军少许，留出战场我方渡江，一决雌雄。"谢玄的策略成功地让苻坚产生了恐惧和不安，最终放弃了对东晋军的阻击，这阵势足以威震天下。

苻坚当时就乐了，我正无计可施，你们竟想决一死战，我方定当奉陪到底。苻坚随即决定将计就计，下令军队后撤，给东晋留出一片空地。本来，他计划在东晋军队渡江时发动奇袭，但由于前一站失利和东晋军士气高昂的因素，前秦军队的士气受到了动摇，士兵陷入了混乱之中。

这时，谢玄果断率领着八千精骑强渡淝水，向前秦军队发起了猛攻。与此同时，曾在襄阳被擒的东晋守军朱旭出现在战场上，高声呼喊："前秦败势已定，东晋军已经杀过来了，快逃命啊！"

得益于谢玄和朱旭的声威，前秦士兵的战斗力丧失殆尽，他们惊慌失措，一片混乱。他们连风声刮过士兵耳边时兵甲交击的声音都能听到，随着士气爆裂，四散奔逃。

东晋军队甚至不需要动用兵器，就轻而易举地取得了胜利。

据《晋书》中所记，当时的前秦士兵个个惊慌失措，似乎听到了兵戈交击之声。他们吓得尿急脚软，以为东晋军队已经杀过来。正是"风声鹤唳"一词的出处。

淝水之战的重要性在于，它直接关系到国家的生死存亡。在这场战役中，晋军和秦军以淝水为界，进行了激烈的军事对抗。经过长时间的战争，最终在晋军司马昭的领导下，晋军获得了惊人的胜利，成功地打败了秦军。这次战争对当时的中国政治、经济和文化产生了深远的影响，是中国历史上不可忽视的一场事件。同时，这次战役中的一些经典故事丰富了我们对历史的理解，为推动文化发展提供了重要的素材。

三、学习二晋历史受到的启发

西晋的覆灭和八王之乱之间蕴含着复杂的真相，虽然还存在争议，但我们无论如何不能忽略其中的密切联系。在八王之乱中，无论是因何原因导致的诸王混战，最终都是平民百姓受苦受难。因此，在思考八王之乱的根源时，我们不仅要确定它产生的原因，还要深入思考谁是最大的受益者，以及谁遭受了最严重的损失。历史告诉我们，任何政权，如果漠视百姓的存亡，都无法长久存在。因此，要以史为鉴，警惕亡百姓苦的悲惨后果。

淝水之战对于晋朝的历史意义不言而喻。正是这场战争让晋朝迎来了短暂的兴盛和安稳，同时也为晋朝的延续提供了底气。我们可以从淝水之战中学习和思考许多问题，比如前秦和晋朝之间兵力相差巨大，如何在如此弱小的军队实力下战胜前秦的几十万大军，可通过对两朝之间差距的详细分析得出答案。

同样，淝水之战也给我们带来了启示，即无论敌人多么强大，想要战胜敌人，除了正面作战外，我们还应该懂得必要的应对困难和制敌的技巧。没有不能战胜的敌人和不能克服的困难，只要我们找到正确的方法，并坚持不懈地训练，即使面对再大的困难，也可以勇往直前，解决它们。

此外，对于淝水之战的失败者——前秦，我们可以换位思考，从失败者的角度出发，分析其失败的重要原因。其中，自大轻敌是前秦失败的首要原因。前秦皇帝苻坚亲自率领几十万大军攻打晋朝，几十万的军队对应几万人的小军。如果苻坚没有轻敌，而是谨慎周密，即使只有一人和一把刀也可以轻松将敌人击败。因此，秦军在出兵之前，就犯了自大轻敌的错误，为后来的错误决策埋下了隐患。

此外，前秦还因为急功近利而犯下了第二个致命的错误，导致最终遭遇惨败。这次失败的经历给我们敲响了警钟，无论遇到怎样的困难，都必须保持冷静、认真，不可自大轻敌、狂妄自大，也不能急于求成，只有如此，方能取得胜利。

学史明理

◎ 1.1 教师在教学过程中应该注意的错误知识纪要

依据历史研究，朝代更迭背后存在着一个基本规律：开国君主通常会统一国家，多数都是有智慧、英明的领袖，在统一初期国家社会处于稳定和谐状态。然而，亡国之君往往无能、昏庸，社会民生凋敝，社会动乱，农民起义，王朝灭亡，但晋朝并不符合这一基本规律。晋朝是一段从始至终乱象重重的历史时期，人民一直处在水深火热之中，从未享受到片刻的安宁。晋朝虽是中国历史上九大王朝之一，但也是最为黑暗、尴尬的朝代之一。

晋朝门阀世族林立，是中国历史上世族最为兴盛的朝代之一，甚至政权都掌控在世族手中，而帝王却是他们的傀儡。晋朝由西晋和东晋组成，历史长达 150 多年，大部分时间都处于内忧外患时期，而门阀世族的影响贯穿朝代始终。正是由于帝王权力过于式微，被视为帝王的耻辱，因此晋朝一直未受之后封建王朝的待见。

晋朝历史虽然不算辉煌灿烂，仅是一个低谷期，但它的可取之处和闪光点也不容忽视。若要深入了解晋朝的历史，首先要区分西晋和东晋的时间线，正如汉朝分为西汉和东汉一样，两个朝代组成了晋朝。

西晋时期最深刻的历史事件是"八王之乱"。这是关系西晋命运的事件，因此了解它的前因后果对于学生至关重要，同时也需要结合西晋的历史背景进行详细理解。

而东晋时期最为深刻的事件则是"五胡乱华"，它关系着晋朝的兴衰命运，同时也是导致晋朝成为中国历史上唯一一个被外族灭国的国家。

尽管晋朝在政治和治理方面表现不佳，可在文化方面确实有独特的亮点。晋朝诞生了一批历史名人，如竹林七贤、王羲之，等等。由于门阀世族的兴盛，导致晋朝社会环境相对宽松自由，人们更加崇尚享受主义，养成了一大批虚无浪漫主义的文人，促使晋朝文化昌盛、文艺璀璨。晋朝的文化可谓是乱世中的明珠，为中华几千年的历史增添了光彩。因此，讲解晋朝时期关于名人故事以及文化特色都是不可忽略的重点知识。

◎ 1.2 如何激发学生学习历史的兴趣

相对汉朝和秦朝等王朝而言，晋朝是一个相对不起眼的朝代，这给学生们在学习晋朝历史时带来了挑战，容易产生厌烦的情绪。为了克服这种情绪，我们需要进行科学、有效的引导，推广晋朝的重要性。

首先，我们需要向学生们解释晋朝在历史上的重要作用。晋朝上承三国，下接南北朝，是一个连接中古时期的王朝。尽管晋朝政治腐败，权贵互相争斗，但是它在中国历史和文化方面的贡献是不可忽视的。

接下来，我们可以通过有趣的故事和名人事迹激发学生们对晋朝的兴趣。例如，王羲之和竹林七贤是晋朝时期的伟大书法家和文化名人，他们的故事可以激发学生们对晋朝文化的好奇心。另外，也可以简略介绍潘安、卫阶等中国历史四大美男的故事，从而激发学生们对晋朝的兴趣。

有趣的学习方式是最行之有效的。当学生们对晋朝产生了兴趣，我们便可以根据历史时间线逐步梳理晋朝各个时期的文化、政治和经济，使学生们能够有一个全方位的了解。

晋朝历史上的转折点，例如"八王之乱"和"五胡乱华"等重大事件，也是授课的重点。但我们需要引导学生们自发地进行思考，即我们可以让学生思考晋朝遭受历史冷落的原因，以及晋朝如何解决门阀世族壮大对江山社稷的影响等。

此外，我们还可以开展历史名人扮演讲堂，让学生们扮演晋朝帝王或者历史名人角色，换位思考，更好地理解晋朝历史。只有这样，学生们才能对晋朝有一个更加直观的理解。

第六章 南北朝

一、南朝：公元 420—公元 589

1. 南朝的起源与兴衰

在公元 420 年东晋灭亡之后，南方相继出现了四个朝代。此时，中国中原地区正处于南北三国分裂时期，南朝承接了东晋的领土，统治范围包括东晋境内的南方地域，即秦岭以南、淮河以南的地区。

随着全国经济重心逐渐向南方转移，南朝开始迅速崛起。南方资源丰富，人民勤劳务实。南方城市不断发展壮大，而且距离国家政治中心较远，即使发生战乱，也规模较小，破坏程度较轻。因此南方的经济基础和社会条件较为稳定，战乱所造成的损失也相对减少，为南朝的繁荣奠定了坚实的基础。

南方文化基础丰厚。随着南方经济的快速发展，南方文学、学术文化和其他文化领域的繁荣程度不断提高，开始远超北方。许多著名的当代文学作者出现在南方，像被誉为"山水诗鼻祖"的谢灵运。这些杰出的文学创作者为南朝时期的文化发展奠定了基础，提供了丰富的文化内涵。

南朝推动文化创作。优秀的民族文化传统既是每一个文明历史国家或伟大优秀多民族的共同精神底蕴和民族文化精神之所在，又是国家和民族凝聚力的核心。南朝时期的文化创作达到鼎盛，萧子显的《南齐书·文学传论》、丘迟的《与陈伯之书》、刘义庆组织的《世说新语》等著作充分体现了这一点。史书《士庶关系与齐梁文学集团》中记录了"南朝皇室对文学的兴趣，从未减少"，这一点也充分证明了南朝人民对文化的推崇和热爱，为南朝文化的发展提供了强大动力。

2. 南朝兴亡的虚与实

中国有着五千年的悠久历史，共经历了24个朝代的更迭。唐朝是个江山美丽、春风花草香的时代；明朝则是一个豪掷千金、家徒四壁的时代；汉朝则有着"海到天边无作岸，山登绝顶我为峰"的气概。然而，每个朝代的兴衰都有其独特的原因，最终由生产力与生产关系的决定。在历史的洪流中，南北朝的兴衰又给我们带来了哪些启示？南北朝的更迭有何深意？每个朝代的更迭都有着自己的原因，历史千姿百态，真相不尽相同。随着社会的发展和科技的进步，人们获取知识的途径变得更加多元化。然而，这种多元性不仅带来了知识的丰富，同时也带来了对历史误解和扭曲的危险。因此，我们需要深入研究正确的历史知识，建立过滤机制，不断筛选那些错误和扭曲的历史，以探寻真相。在一段短视频中，我曾看到讲解南北朝时期以南朝齐为背景，重点讲述南朝齐历代皇帝的事迹。

在 479 年，萧赜自立为帝。他非常果断，不喜欢别人对自己提出建议。萧赜还是太子时，生活奢侈、擅自行事，其他人不敢发表意见，只有苟伯玉敢告诉萧道成。当萧道成得知后大怒，萧赜因害怕而假称生病。一个月后，萧道成还是很生气，这时苟伯玉帮助化解了矛盾。因此，苟伯玉得到萧道成的器重，但遭到萧赜的怨恨。萧道成去世前告诉萧赜，要重用苟伯玉，让他辅佐政治。然而，萧赜在继位后不听劝告，反而杀了苟伯玉。

在 481 年，朝臣们建议萧赜重视教育和减税，但他固执己见，断然反对。退朝后，还有人上书，萧赜于是杀了

这些献策的朝臣 [①]。

在484年的永明大同二年三月，萧赜下诏，酌情赦免囚犯，对最贫穷的百姓给予特别的赈济，特别提倡并奖励农桑。他特别重视天灾给贫苦人民和平民造成的危害。一旦发生灾害，他就马上派军队前往援助，减免税负，帮助灾区人民安置。同时，为了进一步缓和南北之间的关系，齐武帝萧赜还亲自出使北魏。

公元469年，萧赜的第四个儿子萧子响出生。在永明太和七年（公元489年），他被任命为晋州青州刺史。由于萧子响喜欢习武，他的部下的服饰经常违反规定，周彦等人向萧赜告发。听到此事，萧子响大怒，对周彦等人进行质问，但他们却不敢回答。最后，萧子响处决了他们。萧赜非常愤怒，要求萧子响束手就擒，但萧子响不从，萧赜于是派萧顺讨伐他。

永明八年（公元490年9月26日），萧子响被萧赜赐死。事后，萧赜并没有感到后悔。南齐皇帝萧昭业是第三代皇帝。他品行不端，聪明狡猾，擅长伪装本性，善于取悦人。由于其出色表演技巧，成了许多长辈心目中最完美的皇子。

①南朝齐‐百度百科.https://baike.baidu.com/item/%E5%8D%97%E6%9C%9D%E9%BD%90/9615748?fromtitle=%E8%90%A7%E9%BD%90&fromid=7600692#1‐2.

萧昭业与其父亲萧长懋之间的差距很大。萧长懋登基后，礼贤下士，有很高的民众声望以及期望。他英年早逝时，萧昭业为父亲筹备葬礼时非常用心。尽管他擅长伪装，但他在父亲的葬礼上流露出真情，甚至几次昏倒在地。

尽管萧长懋非常宠爱萧昭业，但对他也十分严格。萧昭业表面上并没有反抗，但暗地里他痛恨着父亲，并开始与朝廷官员勾结，试图谋划篡位的阴谋。公元493年，南齐的皇位被萧昭业夺了过来。他沉迷于后宫佳丽，行为放荡，挥霍无度，对朝政漠不关心，最终导致南齐国力逐渐走向衰落。

萧昭业曾经做出过很多荒唐可笑的事情，其中最为著名的便是为自己的母亲准备了三十多张人脸模型。此外，他还与自己的庶母霍氏有染，违反了尊严和道德，这些事情都是不容忽视的。

这些故事的内容有些虚假成分。据相关资料证实：南齐第二代皇帝萧赜，在即位后，不仅十分注重教育和人才选拔，还深入关心百姓疾苦，经常采纳各种建议和提议。虽然他年轻时表现得杀伐果断，但他对是非的辨别能力十分敏锐。萧赜在赐死萧子响后，深感悔恨。在游历时，他看到猿猴对着子明啸叫，引起了他深深的感触，于是追封萧子响为鱼复侯。实际上，萧赜并没有改变，他一直都是那样的人，而故事中所描述的那些事情不过是为了博取眼球而虚构的。

南齐第三代皇帝萧昭业，虽然肆意挥霍，但也热爱隶书。萧昭业在登基前风度翩翩，是著名的才子。他在成为皇帝之后才变得奢靡无度。此外，萧昭业在自己父亲的葬礼上虽然哭泣，但这只是表面现象。他在人前声泪俱下，只是为了博得忠孝的名声，其实他根本没有感到悲痛。萧昭业年幼时虽然曾经对父亲的严格要求感到不满，但他从来没有勾结朝臣，更没有打算篡位。

二、北朝：公元 386—公元 518

1. 北朝的起源与兴衰

北朝是中国历史上位于北方的一个朝代，共有五个朝代相继而存，发生了割据斗争的局面，这一时期在我国西晋前秦被灭亡后开始。其中最为强大的是北魏，它是拓跋鲜卑族所建立的，由北魏孝文帝拓跋宏开创了北魏黄金时代，孝文帝在位期间实行三长制、颁布均田制，并推行汉化运动，这些改革逐渐让北魏繁荣昌盛，但孝文帝去世后北魏呈现下坡趋势，直至公元 534 年被灭亡。东魏和西魏由此分裂而成，而在 550 年，东魏灭亡，西魏则由于领导者的尚武政策而维持了强大国力，直至 556 年西魏灭亡，北周成立。550 年北齐建国，其承接东魏江山，经济方面取得一定成就，后于公元 557 年被北周灭亡。556 年北周建国，经过数位皇帝的治理，国力逐渐强盛，直至北周宣帝继位，内乱开始爆发。581 年杨坚建隋代，北周灭亡，北朝时期宣告结束。

对于北朝灭亡的原因，人们各有不同的看法，但总体来说可以归纳为以下几点：首先，南北朝并不是同一王朝，而是一段分裂期。随着南方经济、劳动力等向南方转移，北方逐渐失去了发展动力。北方遭受了长时间的战乱和频繁的干扰，这严重阻碍了人民的生活和社会的发展。其次，北朝重视军事而文化基础相对较弱，再加上主要统治者是鲜卑族，难免会存在民族之间的猜疑和隔阂。虽然北朝致力于文化的发展，但文化发展始终受到压制。另外，皇室宗族为了抢夺皇位而大开杀戒。皇位的争夺不仅导致皇室成员大量丧生，还引起了暴乱，使时局更加动荡。最后，皇帝亲信小人，奸佞掌握实权，贤臣却被疏远，远离权力中心，这导致了皇权的分裂和国家的不安定。为了解决这个问题，北朝的许多改革措施都遭到抵制，使得国家难以得到有效的治理和管理。

2. 北朝兴亡的虚与实

命运的安排是无法改变的，有时候该来的总会来，强求也是徒劳。历史的发展也是一样，像地基一样起起伏伏，跌跌撞撞。有时候蓬勃发展就像"客路青山外，行舟绿水前"，但也会受到阻碍而停滞不前，但是我们需要用像"石以砥焉，化钝为利"一样的态度去克服困难。朝代更迭符合自然规律，我们无法改变，但是我们可以从历史中汲取知识，为未来做好准备。正如黑格尔所说："历史是一堆灰烬，但灰烬深处有余温。"我们需要利用这些余温来"取暖"，融化"冰川"，并孕育新生。

北风拂过杨柳，这股清风带来的不仅是生机勃勃的绿色，更是充满活力的灵魂。跟随这股清风，我们一起奔向未来，播下发展的种子……随着社会的发展，历史也在不断变化，但历史就像书纸一样，它本身不会变化，变化的只是人们对它的诠释。历史是可爱的，它从古至今一直保留着活力和强有力的知识内容，被不继承发展，同时我们也要"取其精华，去其糟粕"。

我曾读过一篇关于北朝历史故事的文章，它以北朝为时间主线，叙述了皇帝的功过……高纬，即北齐的最后一位国君，历史上对他的评价往往都是荒唐奇葩、昏庸的皇帝。

575年，冀、定、赵、幽、沧、瀛六洲遭受洪灾，与此同时，周军进入洛阳，逼近洛城，高纬派火船焚烧黄河上的浮桥，以此阻断道路。

576年，高纬率领军队列阵前进，和周朝齐王相互对阵，双方在城南交战，齐军大败。高纬的部下建议他先行离开，而其余人留下来拼死抵抗。数日后，高纬到达城南军营犒劳将士，当晚准备劝部下撤退，但将士们不听。

高纬的奢华和放纵泯灭了他的人性。在位期间，高纬把每个宫女都封为郡官，并赏赐她们价值万金的裙子和价值连城的镜台。他建立宫殿，丹青雕刻，巧夺天工。在位期间，高纬没有取得任何功绩，留下的都是骂名。

元善见（公元524年至公元552年）是东魏的皇帝，他仪表堂堂、沉静明雅，然而缺乏志向和理想。在东魏的初期，时局动荡不安，战火不断，东、西、南三面都有战事，此时的环境显然对于元善见这样的皇帝来说非常复杂。尽管他的父亲内性隐忍，元善见仍然有自己的主张，面对此局势，他提出了自己的看法和主意，但却遭到了高欢的拒绝。直到高欢于武定五年去世，其子高澄继任之后，元善见才开始屈从于高澄的领导。

宇文毓是北周的第二位皇帝，在孝闵帝元年（公元

557 年）继位天王。在位期间，宇文敏致力于精细治理，崇尚节俭，力图消除官员贪污现象。虽然宇文敏外表文弱，但内心却非常有主见。宇文护是他的亲信，是手握兵权的重要军事将领，为守卫朝堂镇守重地而忠心耿耿。他一直尽心尽力地保护着宇文敏，尤其是在有人想要杀害宇文敏时更是如此。

拓跋嗣是北魏的第二位皇帝，他聪明睿智、宽厚弘毅，非礼不动，拔贤任能，决心整顿流民、内迁民众，抚慰广大百姓，推动北魏的发展逐渐走向正轨。他是北朝中最有能力的帝王之一，多次亲征，整顿朝政，为国为民。但他也有贪酒好色之弊，曾多次在亲征会宫之后直接前往后宫，与后宫妃嫔流连忘返，并听奏其舞。次日早朝，他甚至忽略了朝臣的议事，仍旧沉湎于后宫的享乐之中。

公元 576 年，高纬率领军队亲征，却被打败。在此过程中，高纬率先逃跑，而他的部下留下来顽强抵抗。当高纬回到城南犒劳将士时，没有劝部下撤退，反而因害怕而一再提议让部下和他一起逃跑。高纬并不是完全没有功绩，他从幼年就能言善辩，热爱文学，曾设立文林馆，崇尚文人学士。至于元善见，在历史中，虽然他一表人才，但实际上是一名傀儡皇帝，受到高欢的操控，无法自主发表主张，也不像上述文章所描述的那样。

总之，以上几位皇帝的事迹在历史上都有所一定的记载，但人物形象和故事细节方面可能存在出入。

在历史的长河中，宇文护曾将国家政权暂时交予宇文敏，宇文敏虽然开始处理国家大事并进行一些改革，但是实际上，他的军事权力一直被宇文护所掌控。与上述故事中宇文敏忠诚不渝的形象完全不同，宇文护实际上是一个虚伪的人物，一直都心怀鬼胎。在宇文敏遭暗杀身亡之后，真相也并非上述故事所描述的那样，而是宇文护所下的毒手。

同样的，在历史中，拓跋嗣并非那个放荡不羁、贪图享乐的形象。传闻中他沉溺于酒色，在后宫纵欢作乐，不肯早朝，这些都是杜撰出来的故事。拓跋嗣的死因是在一次征战中，由于长期劳累使得他的病情加重，最终病倒去世。这与传说中的故事也存在很大的差异。

为什么历史会改变呢？或许我们可以想象历史就像是一条长长的河流，流淌了亿万年，时而汹涌澎湃，时而干涸荒芜。无论它经历怎样的变化，它的存在始终不变。历史也是如此，它在时间中不断流转，纵使历史因各种原因而有所改动，但真相始终是不容篡改的

3. 学习南北朝历史受到的启发

在南北朝初期，社会阶层可以被划分为世族、齐名编户、

依附人和奴隶。由于南朝世族长期沉溺于安逸生活，国力日衰，北朝开始重视汉人世族，进而引发了文化上的相互采纳和借鉴。南宋之后，门下省被设立，从而奠定了三省制度的基础。门下省负责向皇帝献策和劝谏，参与机密事务，成为大臣们重要参考的机构。南朝政策延续了东晋的制度，在州、郡、县三级制度下，南朝州设刺史，郡设太守。

刘裕是南宋皇帝之一，他在执政期间打击豪强和士族势力，调和阶级矛盾，缓解百姓负担，改善社会状况。他改革了吏治，提倡用考试选拔人才，注重提拔寒门士族，推行集权制度，并对刑罚和法律进行了改革。同时，他十分重视生产发展和教育完善，推动战术创新……

刘义隆则是南朝的另一位皇帝，他延续并完善了刘裕的治国方略，实施了劝学和兴农等措施，还下令免除百姓"同租宿债"，使得百姓得以休养生息[1]。

刘骏是南朝时期的一位杰出皇帝。他在经济和文化方面做出了卓越的贡献。在经济方面，他推行减税减赋政策，罢免侨户，实行土地政策，限制封山占水，赦免军户和奴

---

[1] 刘义隆（刘宋第三位皇帝）_百度百科.https://baike.baidu.com/link?url=zA9wSBGbL7QC5mneVyKoZIiq7gN2VzbOPBm-nM4CRoMR3SZpEOrTf-g_4Mv8tTDneyy-EIZPkNyCFuqhssvk8TWWBfcRAemNDtJK4hDOP13p1cDVWO_7UMgaK6jej8gP.

婢，改革货币制度，设立台传机构，加强中央财政管理等。在文化方面，他恢复了礼乐制度，鼓励文学艺术的发展。南朝时期经济和文化得到了迅猛发展，这主要归功于以下几个基础：

首先，社会的稳定和谐对经济发展至关重要。南朝时期，南方向来相对稳定，与北方相比有较大的优势。这使得南方逐渐发展起来，最终取得了经济、文化的发展优势。

其次，发展不可缺少的是人力、物力和财力。在南北朝时期，战乱不断，相对北方的动荡，南方更加适宜生活，北方人民大量南迁，为南方带来了庞大的劳动力。

最后，我们应该不断汲取前辈的智慧、勤劳和勇气，为未来发展做好充分准备。正如赵翼所说："江山代有人才出，各领风骚数百年"，我们要努力跟随先辈的足迹，并不断创新、开拓，创造更加有价值的未来。

通读历史传记可以深入了解历史渊源，北朝历史也为我们提供了许多启示，如稳定、团结和信任的重要性，这些都是我们前进道路上的重要支撑。对于北朝皇帝而言，许多人都崇尚礼贤下士，善于运用人才，自主决策。皇帝是国家的统治者和人民权力、生活的拥护者。

"北国风光，千里冰封，万里雪飘。望长城内外，惟余莽莽；大河上下，顿失滔滔。"北方的风光胜地得益于历代皇帝的杰出成就。对于社会、青年和国家而言，拥有正确的三观至关重要。

中青网曾经提到："我们今天如何看待历史，未来就会如何记录今天。"作为当代的青年，我们必须以清晰理性的眼光去看待历史，去深入了解历史。我们也必须发挥自身的力量，为社会增添光彩。虽然前路漫漫，道路崎岖，但是我们抬头望去，阳光和天空都在给予我们前进的力量。作为青年，必须行动起来，为小家庭、为大家庭，我们必须知道正确历史对于人们的重要性，以及认识到歪曲历史的巨大危害。尤其是对于学习历史的学生而言，了解正确的历史可以有助于他们世界观的建立，有利于他们的思想稳固。青少年时期正是价值观和人生观发展的最佳时期，正确的史实有助于他们提高人格修养，树立正确的三观。正确的史实可以让青少年看到革命先辈抗战的艰苦卓绝，看到红色历史文化的内涵，增强他们理论自信、制度自信和道路自信。对社会来说，正确的史实可以有利于全社会形成红色舆论氛围，推动社会向前发展。

作为当代的青年，我们要学习新思想，争做新青年。作为与时代并肩而行的青年，我们必须拥有自己的理想和目标，不能沉迷于其他东西，需要牢记历史，以史明理。《论语》中有记载："士不可以不弘毅，任重而道远。"其意思是说，士人不可以缺乏宽阔的胸襟、坚定的意志，因为他们肩负的使命过于重大。每一代人都有每一代人的使命和担当。无论是拓跋余、高湛还是刘子业，他们每个人都肩负着整个国家的使命，在现实中，他们不但没有推卸责任，反而承担了更多的重任。国家的希望在于青年，国家的使命也在于青年，新时代的中国青年要承担时代的责任。

我们必须树立远大理想，担当时代赋予我们的责任，砥砺奋斗，锤炼品德修养，同时应培养大局意识，树立正确的人生观、价值观、国家观，为自己的人生绣好每一颗扣子。青年时期依然是青年时期，他们仍然扛起了肩上的责任，无私、无畏，有勇有谋。青年时期不再是青年时期，他们已经随着时间的推移而成长，成为社会洪流中的中坚力量之一。

4. 学史明理

◎ 4.1 教师在教学过程中应该注意的教学技巧纪要

冰心曾经说过："爱是教育的基石，也是老师授课的源泉。只要有爱，一切都有可能。"那么，爱是什么？爱是一种强烈积极的情感及心理状态，并且有不同的状态，例如父母对孩子的爱，陌生人之间的爱，以及教师对学生的爱……

从古到今，无数教育家都用充满爱的行动来传播知识，如陶行知、叶圣陶、朱敏才、孙丽娜，等等。在知识传播的过程中，教师将爱转化为教学模式，有时候会使课堂更加活跃和有趣，有时候则会变得更加庄重和严谨。

我曾经见过一堂趣味横生的历史课。一位老师拿着几个面具和一个背景板走上讲台。接着，他逐一介绍这几个面具。第一个面具是萧赜，它有着魁梧的面容、浓密的眉毛和胡须，肤色较为黝黑。然后，老师介绍了萧昭业，他的面貌则是秀气而英俊，高挺的鼻梁在阳光下显得格外亮眼。最后，老师介绍了侯景，一个个子矮小、上下身比例不对的人物，他的眉毛和胡子稀疏，宽额头和高颧骨，让人一看便知有些粗犷。接着，老师介绍了背景板，它分为三个部分：第一部分描绘了宫廷群臣们的表情，他们显得惶恐不安，眼神中带有一丝无奈；第二部分描绘了后宫中妃嫔们的情形，有的衣衫褴褛不堪，有的撩拨妩媚，而有些人则在抚弄着乐器；第三部分则是大军在投靠侯景的过程中行进的路径。

介绍完这些之后，老师播放了三段关于萧赜、萧昭业和侯景的视频，并且要求学生积极参与表演，将历史场景进行演绎。于是，七名学生举手想要参与，老师从中选出四位来扮演主角，另外三位则充当朝臣进行对话。

对于萧赜，一名高大的男孩扮演了他，演绎的场景正是老师在讲述故事时提到的群臣向他献上牌匾的那个场面。在演绎过程中，历史老师让学生们留意他们发现了什么区别。当演绎到萧赜怒斥群臣的时候，扮演者却展现了一种柔中有刚的感觉。随后，还有一位同学举手想要发言，老师示意她等到表演结束再说。等到表演结束，学生们纷纷鼓掌，老师让举手的那位同学上台发表看法。她指出扮演者没有达到情绪上的要求，表演出的情感与视频中不相符。

老师称赞了学生的观察能力，以及他提出了询问其他同学看法的建议。老师进一步解释说，演绎者表演得非常到位，情感表达也充分。但在历史上，萧赜并没有责骂、怒斥朝臣，也没有反驳朝臣正确的意见，所以演播的视频与现实有所不同。我们需要了解正确的历史，不能仅仅依赖于电视剧、电影等媒介来学习知识。学生们听完老师的话后，纷纷夸赞演绎者对历史知识的了解甚多。接着，一名同学问道："难道所有影视节目中的知识都是虚假的吗？"老师立刻否定了这种观点，指出事物具有多面性，不能轻易做出定论，我们需要去判断、去了解后再来评价。

演绎者扮演的侯景，一个小个子男孩的形象，演绎了侯景之乱的故事。侯景擅长骑射，在六镇起义爆发后，他投靠了尔朱荣，并凭借在镇压隆起军的战斗中的战功获得了晋升。尔朱荣去世后，侯景转而效忠高欢，并受到了高欢的垂青和器重。高欢去世后，侯景在无法抵抗高欢之子高澄的进攻下，只能南下投靠梁武帝。梁武帝重用了他，并封他为河南王、大将军。

但事实上，侯景并不是出于感激而投效高欢，而是出于自身的政治野心和对高欢权势的忌惮。他一直在等待时机，意图反叛。在高欢去世后，侯景的反叛终于发生，他南下投靠梁武帝，并计划谋反称帝。在此期间，他暗地里壮大自己的力量，寻找能够帮助他的朝臣。公元548年，侯景被高澄派出的军队打败，但凭借声东击西之计，他骗过了梁武帝的大军，并在随后发动的"侯景之乱"中成功篡位，并废黜了萧正德。

萧昭业的故事被一位俊美的女孩演绎，然而在表演尚未开始之前，一位男同学就对此发表了异议，质疑女性演员是否适合扮演萧昭业这一男性角色。老师则表示应该先观察表演。表演的内容围绕着萧昭业的生平故事展开，展示了他少年时俊美的容貌和对隶书的喜爱，以及在父亲去世时的悲痛哀号。萧昭业继位后，他极其挥霍，数百万、数十万都毫不在意，不到一年便将国库挥霍一空。在表演过程中，演员的眼神流露出贪婪、鄙视以及憧憬，生动地呈现了萧昭业的形象。他喜欢斗鸡，暗中花费数千两买鸡；他喜欢女色，在后宫与妃子、宫女嬉戏打闹，而演员在表演这些片段时，邀请了周围的女同学参演，完美地展现了萧昭业的神情和气质。表演结束后，同学们纷纷举手提问，想知道萧昭业的故事是否真实存在。毋庸置疑，萧昭业的形象比表演中的更加极端。

此外，一些同学认为演员的眼神过于灵动，不适合扮演萧昭业这一角色，但表演的表情十分生动，完美地呈现了萧昭业聪明狡猾，深不可测的形象。萧昭业在父亲去世时的表现，表面上悲痛欲绝，却在无人时欢歌跳舞，这更彰显了他狡猾不易捉摸的特点。然而，这个故事的最后只是一个新故事的开始。整个表演过程充满了趣味和爱，吸引了同学们的关注，加深了他们对历史的理解和热爱，同时也培养了他们的观察能力和爱心。这节历史课不仅丰富了学生的知识，还给了他们爱与关注，让他们对历史有了更深入的了解。

◎ 4.2 如何激发学生学习历史的兴趣

有一句名言："一个好老师胜过万卷书。"无论是少年、青年或老年，都需要老师的教导，老师可以是长辈、老师、学生，等等。作为老师，我们需要像灯光一样照亮他们前行的道路。生活的道路有直有曲，网络上的历史知识也是如此。我们需要教导他们如何形成一个"过滤网"来面对歪曲的历史知识。当我们遇到错误或歪曲的历史知识时，我们需要明白"何错之有？"需要去查找正确的历史知识内容，去深究、去钻研。正确的历史犹如清风拂山冈，虽然错误的历史强横，但最终，正确的历史会越过重重山冈，撒满江面，阵阵吹向世界各地。

然而，在学习过程中，难免会出现师生之间的矛盾问题。这些问题包括各自的看法和不同的角度。因此，教学过程中最重要的是建立良好的师生关系。这是推动教学改革、提高教学质量的必要条件。矛盾问题有许多不同的观点，但主要分为两种：

第一种是指心态趋于成熟，自我意识增强的学生。这些学生认为自己是成年人，害怕被当作未成年人或弱者。他们喜欢表现自己，喜欢得到别人的夸赞。

第二种是指逆反心理强，自我约束力较差的学生。这些学生喜欢特立独行，总是有许多独特的看法，容易出现心理对抗，不喜欢自己的观点被拒绝。

老师与学生之间的沟通技巧有很多，需要针对不同的情况进行分析，例如沟通时机、沟通环境、沟通方法等方面。在与学生进行沟通时，首先要倾听学生对事件的看法，并询问他们产生这种看法的原因，以此提高学生的语言表达能力和思考能力。接着，不要一味地否定，而应从中选择错误之处进行纠正，并适当加入故事情节，使其更加生动形象。

其次，在进行沟通时，要选择适当的场所。有些老师会一味地进行"热处理"，而不考虑学生的感受。例如，在众多学生面前直接指出错误，会对学生的心理造成伤害。相反，选择正确的沟通环境会事半功倍。

最后，在给学生普及知识时，可以增加趣味故事，并注重营造活跃的学习氛围。老师还可以邀请同学一起讨论，积极发挥学生的主动参与性，不要仅仅只让学生听讲，而应锻炼学生的表达能力。

苏霍姆林斯基曾提出："如果学生不肯向老师吐露自己快乐和痛苦，不与老师坦诚相待，那么任何关于教育的谈话都是荒谬的，教育也是不可能的。"因此，师生的相处方式同样至关重要。老师不仅可以是朋友，也可以是亲人。

了解学生的个性特点，深入了解学生。在课堂上，师生交流不应仅限于讲台和课桌，老师更应该走下讲台，深入了解学生的生活。信任学生，给予学生强有力的支持。信任是所有情感的基础，耕耘所得即所得。用心地耕耘学生的内心，从点到线，从面到体，坚持下去就会得到满满的收获。我们应当以发展的眼光看待学生，去帮助他们。

假设我们现在在历史课堂上，老师笑容满面地走进教室，用幽默诙谐的语气介绍今天的课程内容。然后，开始讲授课程内容，提出问题，解答问题，这样的课堂氛围无疑会更加活跃。

当同学们问到南北朝时期朝代更替的原因时，老师拿起粉笔，在黑板上画了几只动物，如猿、猪、熊猫、大象等。随后，老师开始解释：猿代表南朝宋，它是南北朝时期的第一个朝代；大象则代表南宋和北周，分别是南北朝面积最大的朝代……

听完老师讲解后，同学们纷纷发表自己的观点，有人说还可以比喻成猫、狗等动物。随着课堂的不断深入，气氛不断活跃，同学们积极性高涨，即使下课铃响起，他们也不想离开课堂。同学们围绕着老师，像朋友一样与老师讨论他们对朝代更替的看法。

"双向交流是师生相互了解、相融合、相通的过程"，正如以上故事一样，老师的课堂充满活力，有趣的语言和灵魂的碰撞让学生与老师之间的距离变得更近。"教师是传道、授业、解惑的人"，老师不仅可以成为传递知识的媒介，还可以成为道德和文明教育的桥梁，以及相互交流的通道。

相反的，单调枯燥的课堂反而会起到反效果。比如，一名面容严肃的历史老师走进教室，将手中的教材放下，转身开始播放 PPT。他问："各位同学，你们对课本知识了解得怎么样？"班级里面鸦雀无声，也许是有人怕他的表情冷漠，也许有人怕他的不苟言笑，甚至还有人怕他的认真态度。接着，他开始讲述拓跋焘的生平事迹。班级里面没有人举手回答，气氛开始变得紧张，室内的空气好像也变得凝固了。唯一的历史课代表终于开口，简单介绍了一下拓跋焘的事迹。历史老师询问是否还有其他内容，但是班级里面死一般的寂静，没有人有回应。老师开始自己介绍拓跋焘的生平事迹。

公元 422 年，明元帝封拓跋焘为泰平王，并任命他为相国，加授大将军的职衔。同年五月，拓跋焘接管国家事务。当明元帝患病时，他命令拓跋焘总揽朝内的事务。拓跋焘登基后，他致力于治理国家，大力改善了民生状况，推行了楷书和魏碑文字，大大降低了人们识字的难度。他改革官制，整顿吏治，提拔忠良，并且极大地促进了北魏官民之间的融合。他倡导礼仪，尊崇儒学，严格要求自己过节，奖罚明显，慷慨大方，不畏艰险，善于用人，重视法制建设，确立了死刑复审制度，等等。公元 424 年，拓跋焘即位不久。柔然侵略并掠夺了人民和财物，拓跋焘亲率轻骑出征。公元 425 年，拓跋焘再次率军进攻北伐。公元 426 年，拓跋焘带领二万轻骑迅速渡过河流，严阵以待，赫连昌赶来迎战，但败北而退。他撤退到宫内后，紧闭大门，一时之间拓跋焘无法攻下。但在第二天，拓跋焘决定分兵抢掠，获得了十余万头的牛马。公元 427 年，当魏军攻打胡夏都城统万城时，拓跋焘隐蔽主力部队在山谷中，只派少量骑兵直接进攻城下，引诱胡夏军挑战，从而达到攻陷城池的目的。

历史老师一味地讲述历史，语言枯燥，缺乏代入感，这样只会让学生失去对历史的兴趣，起不到教育的作用。接着，老师再次让学生简述以上所讲述的拓跋焘的生平事迹。但在座的同学们表示无从下手，班级里面哀号不断。随着时间的推移，下课铃声响起，同学们如释重负地扑在桌子上，仿佛过了一场长长的梦一般。

上述历史课的氛围紧张，学生参与度低，无法回答问题。这种情况会进一步降低学生的学习兴趣，形成恶性循环，严重影响学生的学习效果，也让老师无法顺利展开课程。因此，创新教学方式是一种最直接有效的方法。同时，建立良好的师生关系也是至关重要的。在课堂上，师生之间应保持合作与互动，而在课堂之外，师生间可以建立亲密的友谊关系。

为提高学生的学习积极性，我们应尽力让他们实现"自主、自信、自强"。单纯地阅读书籍，可能会让人形成狭窄的认知，因此需要在阅读的基础上进行实践，实践是认识和检验真理的基础。只有大胆实践，勇于质疑，发挥创新能力，才能不断进步。不管是学生还是老师，都应保持行动力，并不断在实践中检验所学所知。

苏轼曾经说过："旧书不厌百回读，熟读精思子自知。"这启示我们要不断巩固所学知识，在旧书之中寻找新的认识，在新书中增强对旧知识的记忆。达·芬奇说："科学是将领，实践是士兵。"理论知识可以为实践提供指导，而我们必须依靠实践来获得真知。张载也说过："在可疑而不可疑者，不曾学；学则需疑。"我们必须勇敢质疑，不断挑战现有认知，以此推动自己迈向成功的道路。

第七章 隋唐

一、隋朝：公元 581—公元 618

1. 隋朝的起源与兴衰

众所周知，隋唐时期处于中国历史上一个非常特殊且至关重要的时期，前有南北朝纷争，后有五代十国更替。隋唐时期是中国历史上一个繁荣和开放的时代，这是历经五胡乱华和南北朝两个漫长时期的一个大一统皇朝。在这段时间里，中国文化得到了迅猛发展，出现了众多杰出人物和光彩夺目的文化成就。此时期对于中国历史和文化的发展产生了深远的影响，并在历史大势中占据了举足轻重的地位 ①。

---

①隋唐_百度百科.https://baike.baidu.com/link?url=2bR_vEm-
EZHfGLEzS5Hdur8ZpK3kSi1GLKp8I1bnmpj-Mq_udR_doOTSGqsJwJO59HJ
vm6NZGZiTPZfkCHXQoaYf3-uzdFd647unb_Zowa_.

隋朝始于 581 年北周灭亡之后，享有 37 年国富民强、社会安定的局面。在隋朝之前，中国分裂时期较长，南北朝共存百年之久。隋朝的出现打破了这种局面，期间几个朝代统一的时间占据了大多数。隋朝前期，在隋文帝统治时期，社会经济得到了大力发展。

隋朝的建立离不开杨坚的努力，他消耗南陈、解决北方突厥威胁的策略和对突厥进行分化打击的方法，使得隋朝逐渐扩大自己的疆域。公元 589 年，杨坚成功灭掉南陈，仅用一年的时间，隋朝就实现了统一。在隋文帝的治理下，隋朝实行减免赋税、轻徭役、开凿广通渠等措施，并且采取较为开放的政策，与中外各国进行频繁交流。隋朝两次向北方的突厥开战，最终将其攻破，同时，人民生活负担较轻，人口有大幅度增长。国内各民族交往密切，交通发达，陆路和海上丝绸之路较为畅通，社会安定。

隋朝灭亡的主要原因在于隋炀帝过于急功近利，追求修建洛阳城、修驰道、筑长城等大型工程，并进行征兵征讨高句丽等大规模战争，这导致了农民起义的爆发，国力受到巨大的损失，统治地位岌岌可危。公元 618 年，隋朝在北方彻底瓦解，出现了诸多割据势力，隋朝的统治无法维持。杨广被禁军杀害后，李渊在广州称帝，建立唐朝，隋朝由此灭亡。

如果深究其原因，可以发现隋炀帝过于激进，急于求成，幻想短短十年内完成霸业，这使得国家耗费了大量的国力、物力，劳民伤财，从根本上动摇了国之根基。如果隋炀帝能够精益求精，有计划地拉长工程时间线，甚至将其推迟到三十年或四十年之后，给人民休息恢复的机会，他或许仍可成为"千古一帝"。

如果在对外对高句丽的军事攻击上保持克制，而在内部实行科举制度，广纳人才，可能一次就大获全胜，也不会出现在征战中各方不协作的情况。如果坚持实行科举制度，可以想象会出现多少人才，会有多少造福于民的先进人物，而不是被世家所垄断的局面。对任何事情都需要有规划，一步一步来。如果想要跑步，必须先学会走路。即使有了好的想法，也千万不要急于行动，而是应该先考虑具体实施措施，观察形势发展，等待时机成熟后再采取行动。

2. 朝代兴亡的虚与实

历史作为一种文明，以真实事件的记录为目的，承载着过去的现象。它不仅体现着古人的智慧，也能让我们理解他们的际遇，同情他们的过往，甚至产生共鸣。历史故事所述是真实而客观的，缺乏感情色彩，但读历史的我们可以赋予其感性的思想。因此，对历史的考究需要对当时的背景、环境及人物关系进行分析，才能做出理性的判断。我们不能只从个人的角度去看待历史，这容易造成偏颇。正视历史并且敬畏历史是我们应该秉持的态度。

从另一方面来看，历史研究需要积极参与历史解读。如今，多媒体形式已经成为帮我们理解历史的工具之一。随着科技的进步，多媒体技术对我们的生活产生了深远的影响。作为一种艺术形式，电视剧也是展示历史全方位的手段之一。然而，在现实生活中，一些商业行为导致历史影视剧在某种程度上偏离历史真相，尤其是一些平台为获取高收视率、点击率和高评分而歪曲和篡改历史真相。这种做法不仅不尊重历史，还对艺术和教育不负责任。这可能会导致人们对历史真的相产生误解，尤其对于青少年而言，这种情况更为严重。因此，探寻历史真相，引导青少年树立正确的世界观、人生观和价值观，是教育工作者应该努力的方向。

早些年，一部关于隋唐历史的电视剧曾上映。据说在播出前，凭借强有力的宣传和演员阵容就吸引了大批观众的注意力。但播出后，它却备受争议。网络上对它的评价褒贬不一，更多的人认为这部剧不仅没能让人们如愿以偿的感觉真正的隋唐风貌，反而让人有些懵懂。这部剧以隋唐朝代的兴衰过程为主线，在电视剧中，我们看到了隋朝的文帝杨坚所做出的一系列的决策和行为，这在历史上是有据可依的。但是，这部电视剧中也出现了一些历史上并不存在的错误场景和情节，这些错误对于观众来说可能并不明显，但是对于研究历史真实性和准确性来说则是具有迷惑性的。

首先，电视剧中提到了隋朝的文帝杨坚将北方的突厥势力分化为东西突厥，这使得国家得以进入短暂的稳定时期。这个情节虽然在电视剧中可能具有很大的戏剧性，但是历史上并不存在这种场景。实际上，隋文帝杨坚确实采取了一系列的措施来削弱突厥的势力，但是并没有像电视剧中所描述的那样将其分化为东西突厥。

其次，电视剧中描绘的秦叔宝、罗成、程咬金、李世民、宇文成都等豪杰义士相继出世的故事也有一些问题。虽然这些人物的确存在于历史之中，但是电视剧中却出现了一些与历史不符的情节。比如在电视剧中，秦叔宝等人经常会出现在隋朝的朝堂之上，与隋朝的皇帝进行谈判和交流，这在历史上是不可能出现的。实际上，这些豪杰义士基本上都是出生于民间，他们的主要活动范围也不在朝廷之内，而是在江湖之中。

最后，电视剧中提到了隋唐宫廷戏和瓦岗寨等剧目，其在电视剧中被描述得非常具有戏剧性和艺术感染力，然而，在真实历史中却不存在这些剧目。实际上，在南北朝时期和隋唐时期，演出的剧目主要是音乐剧、杂剧、宫廷戏等，并且在剧情和表演形式上都与电视剧中所描绘的有所不同。

综上所述，电视剧中出现的一些历史错误和虚构场景虽能够增强观赏性和艺术感染力，但失去了历史的真实性和准确性。希望电视剧制作方在拍摄历史剧时能够更加注重历史的真实性和准确性，而不要一味追求戏剧效果却牺牲历史的真实性。

隋朝，一个短暂而辉煌的朝代，仅仅存在了37年的时间，但它对中国历史的影响却是深远的。

隋朝的建立，标志着中国历史进入了一个新的时代。在封建王朝时期，隋朝的开创性改革，如大运河的开凿和科举制的建立，都为后代统一中国打下了坚实的基础。大运河的开凿极大地促进了北方经济的发展，也为南北文化的融合奠定了基础。科举制的建立，不仅为后代选拔人才提供了一种公平、公正的机制，而且也为中国文化的传承注入了新的活力。

除此之外，隋朝对于中国史学、文学、艺术等方面也产生了深远的影响。其中，隋朝的开国皇帝杨坚曾亲自主持修撰《隋书》，这部巨著对于后代研究隋朝历史和了解中国历史都有着重要的意义。同时，隋朝时期，南北朝诗风已趋向于枯槁，但隋唐时期的诗歌却形成了大家风范，开创了新的局面。除外，隋朝的创新还表现在艺术方面，如佛教艺术的发展，成了中国传统艺术的一个重要分支。

　　总的来说，隋朝的存在时间虽短暂，却是中国历史的转折点。隋朝的开创性改革，为中国历史的发展开创了道路，也为后代的统一打下了坚实的基础。隋朝对中国文化、艺术、史学等各个方面的发展和传承，也产生了深远的影响。隋朝的价值无法估量，它将永远铭刻在中国历史的长河之中。在创作中，或许夸张的表达方式、错综复杂的关系等可能是有意为之或被认为是无关紧要的，但对于原著的改编必须心怀敬畏之心并尊重历史。然而，当下一些打着再创作旗帜的作品却顶着再现经典的帽子，随意改编原著，更换对白或加入过多的感情戏等，这一切并不符合真实客观的历史记载，只会对观众的历史观塑造产生负面影响。像这种不尊重历史的改编方式将逐渐导致正史的淡出和野史的主流化。因此，制作影视剧应当以学习历史和记住历史为主要目的，每一部作品都应有其特定的使命。我们不应该仅仅是因为娱乐而随意改变历史，否则，这些艺术品就会失去原有的意义，最终变成反面教材。

历史是人类经验的积累，是我们寻找过去、了解现在、预测未来的重要依据。历史电视剧作为一种媒介，为观众展现历史事件的同时，也在不断地传播着历史观念。因此，历史电视剧的准确性和真实性至关重要。毕竟背离历史的危害，不仅会扭曲历史本身，从更深层次分析，它还会引发一连串的负面影响。

首先，背离历史会误导观众，让他们产生错误的历史认知。观众接受历史电视剧信息的途径通常是通过影像和语言，而其中最重要的途径就是影像语言所呈现出的真实感。一旦历史电视剧背离历史真相，过度强调剧情效果，观众就很容易被误导，产生错误的历史观念，甚至会形成一种错误的历史记忆。这种错误的历史观念会影响人们对历史事件的理解和评价，形成一种"伪历史观念"。

其次，背离历史会对历史文化的传承产生负面影响。历史电视剧作为一种重要的历史文化传播方式，其影响力不可忽视。如果历史电视剧一味强调流量，背离历史真相，那么不仅会对历史文化的传承造成损害，还会让观众对历史产生浓厚的不信任感，进而对学习历史产生抗拒心理，导致历史文化的断代传承。

最后，背离历史会对社会产生消极影响。历史电视剧作为一种重要的文化产品，其在社会中的影响力不容忽视。

如果历史电视剧忽略了事实真相，只追求效果，这就会引发一系列的社会问题。首先，会让观众对媒体失去信任，对信息产生怀疑。其次，会对年轻一代的价值观产生负面影响，误导年轻人，使其困惑、迷茫，甚至做出不符合当下社会规范的行为举止。

历史电视剧是历史文化传承的重要环节，但如果片中所呈现的历史事件与真实情况发生背离，就会对历史观念、文化传承和社会稳定产生负面影响。制作历史电视剧时，必须注重以史为据，尊重历史事实，才能真正传承历史文化。而观众也应该保持谨慎的态度，不轻易相信片中所呈现的历史事件、人物和场景。

例如，在某部历史电视剧中，人物的生卒年份以及时间并没有处理得准确到位，剧中出现了多幕不符合时间顺序的场景。

在第一幕中，隋朝伐陈战争正在进行，但是李世民却以骑着一匹骏马、看着是十七八岁少年的英雄姿态的样子出现在了镜头中。这个错误显然是导演和编剧的主观臆断，缺少了真实。史书记载隋朝是在公元 589 年灭的陈，进而才完成了统一。

而李世民出生的时间大约在十年之后，然而，在这部历史电视剧中，他却以十七八岁的样子出现，导演把李世民的出生提早了将近 30 年。编剧的看法是，他们是故意让李世民早早出场的，因为他是主角，所以有必要早出来，这样比较好。这种历史错误会导致时间洪流里的人物、事件发生翻天覆地的变化，所有的事情便会失去原本的约束，不受控制。

对于展现在大众面前的事件，如果没有好好地把握，哪怕只是细微的失误，可能会产生蝴蝶效应，会带来预料不到的麻烦，严重的会带偏社会的价值观。尤其是对于未曾了解过隋唐历史的朋友们而言，将会导致他们的认知面出现偏差，甚至当真相大白时，也不会轻易去相信。从长远来看，其带来的影响极其恶劣，特别是对下一代而言。

单单从这段历史中，也许大众能够明白实事求是、求真务实的精神存在心中，应该尽人皆知，但时常遭到触犯，这让人无法理解。就像在新闻层面，我们要牢牢坚持"实事求是"的基本原则，才能创作出对社会有积极意义的新闻作品。

因此，做事情要考虑的不仅仅是为了自己而做，而应该面向大众。如何妥善地处理好这类问题仍然是当下的热点话题。每个人都应该拥有对历史最基本且不模棱两可的了解，因为历史的设计、解读能否巧妙地切换和衔接考验的不仅是技术，更是内心的选择。倘若选择出现问题，就很可能偏离轨道，甚至脱轨了。如果知识方面有所欠缺，可以寻求老师的帮助，或者可以通过权威平台进行补充学习。

其次，本剧在处理情节发展方面存在欠缺。在隋朝攻下南陈后，陈后主应该被俘至长安，但历史记载显示陈后主在被俘后发布了诏令，导致其他南方地区纷纷投降，最终隋朝统一天下。然而，在本剧中，陈后主被杨广兄弟递上白绫赐死，这样的改动不仅篡改了历史，而且缺乏逻辑。编剧也曾解释这样做是为了方便接下来的拍摄，但实际上，能否处理好次要角色的命运也是一种重要的挑战。历史的篡改不仅对权威构成挑战，而且会引起记忆偏差。改变历史的剧情也会导致漏洞的出现，使得整个故事出现了不攻自破的情况。因此，编剧应该更加注重处理好情节发展，并避免对历史的篡改。

3. 学习隋朝历史受到的启发

每一个历史时期都是沉重的，它值得人们深思。无论历朝历代的结局如何，我们都必须面对新的一天。为了不重蹈覆辙，我们必须吸取历史经验教训，做到总结经验、经受考验、发扬优点。从隋朝历史的教训中，我们能获得几点启示。

首先，做人要知足常乐，勤俭节约。隋炀帝的奢侈生活并不是年轻人应该效仿的。我们从历史中总结经验，珍惜现在所拥有的一切，拒绝浪费，从而提倡勤俭节约，倡导辛勤劳动、简约的生活方式和道德理念，这既体现了人们为了生存和发展而改造自身和改造自然的伟大精神，也反映了人们珍视自然资源、珍惜劳动成果的价值自觉。

其次，我们应该保持高尚的情操，不为利益所动，保持初心。南陈被灭，很大程度上是因为南陈后主缺乏能力，只会被眼前的蝇头小利所吸引，公开贪污受贿，排除异己。一个国家的统治者如果带头追求安逸，其朝政就会腐败不堪。我们需要学习历代诗人、词人的高尚情操，注重人的内涵修养，这是人的一种精神境界，是一种外在行动。

第三，我们应该具备明辨是非、识大体、析大局的能力。北齐被灭后，北周皇帝宇文赟无法厘清国内矛盾，转而将敌我矛盾转化为国内纠纷，从根本上出现了问题，最终导致北周灭亡。借鉴历史，后人就能少走弯路，但也要避免自负，不能只走自己所谓的"阳光大道"。

最后，在激烈的竞争中，谁能保持清醒的头脑，做到有备无患，励精图治，谁就能够取得最终的胜利。而那些因循守旧，沉迷于享乐的人，则可能被历史淘汰。

二、唐朝：公元 618—公元 907

1. 唐朝的起源与兴衰

◎ 1.1 唐朝兴起的原因

唐代是中国古代历史上在隋朝之后、宋元明之前的一段大一统中原王朝，此时期共有 21 位皇帝在位，历经 289 年。唐代是中国历史上一个重要的王朝，特别是盛唐时期的兴盛，为后世留下了宝贵的历史遗产。唐代有两个首都，分别为长安和洛阳，其版图辽阔广大。唐朝建立于公元 618 年，是中国历史上第一个拥有较为系统的政治制度的国家。

唐高宗李渊的次子李世民于公元 621 年在虎牢关以少兵之力成功平定了窦建德和王世充两大集团，基本实现了天下统一。但在公元 626 年，"玄武门之变"爆发，李世民亲自射杀了太子李建成和弟弟李元吉。李渊被迫禅位于李世民，即唐太宗。同年，李世民登基，开创了"贞观之治"的繁荣时代。公元 628 年，李世民消灭了"梁师都"，唐朝终于统一了整个国土。

作为当时的世界强国之一，唐代文化底蕴深厚，百花齐放、百家争鸣。唐代不仅文化兼收并蓄，还在科技、经济、社会、艺术等领域表现出多元化蓬勃发展的特点。在诗歌、书法、绘画、音乐等方面，唐朝涌现了诸如诗仙李白、诗圣杜甫、诗魔白居易、书法家颜真卿、画圣吴道子、音乐家李龟年等一批杰出的文化名人，并且广泛接纳了海内外各国民族进行交流与学习，例如"遣唐使"和"鉴真东渡"等历史事件。唐朝思想开明，与亚欧其他国家多有往来。唐代后，海外多称中国人为"唐人"。

此外，唐朝得益于隋末农民战争的冲击以及统治阶级善于用人、纳谏，重视农业生产、采用惠民政策等措施，促使唐朝达到了极盛的巅峰状态。

1.2 唐朝灭亡的原因

唐朝的灭亡是由安史之乱引起的。这场叛乱是由安禄山和史思明发动的，它几乎摧毁了唐朝政权，并给整个社会、经济带来了无法估量的损失。安史之乱成为唐朝历史中的转折点，标志着唐朝从鼎盛走向衰落，并最终灭亡[1]。

唐朝灭亡的主要原因是中央集权的虚弱，这主要体现在两个方面：

---

[1] 人教版七年级上册历史《秦汉时期的政治》优质课件。

一是藩镇割据。唐朝后期，由于藩镇自立，中央政权变得虚弱无力，便开始多次削弱藩镇的努力。但这些努力不但没有达到目的，还消耗了大量的人力、物力、财力，致使国家濒临崩溃。随着中央力量的削弱，藩镇的力量变得越来越强大，藩镇割据的局面变得无法控制。

二是宦官专权。唐朝是宦官权力最大的朝代之一。宦官掌控禁军，对皇帝进行干预，压制文臣，干政等不良之风横行，加速了唐朝的分崩离析。

2. 朝代兴亡的虚与实

历史是一部不断流转、独一无二的经验和更迭的记录。

尽管时间的流逝会不断地将朝代湮没在岁月中，但它们仍然被刻在时间轴上，不可改变。历史的变迁令人唏嘘，但同时也值得我们珍视并进行研究、品鉴，因为历史所反映的对人类的冲击和价值是真实和无可估量的。隋唐时期，江湖纷争，唐朝时期同样如此。虽然这段历史无疑精彩绝伦，但所创作的小说及商业影视作品往往没有考证历史的真实性，随意杜撰甚至歪曲历史事实，正如某影视作品所描述：

公元 618 年，隋朝灭亡，李世民登基，开创了"贞观之治"，唐朝统治全国。此后，以隋唐五虎为主线，穿插了少林寺十八武僧等人物，追随唐王李世民，扫平了以孟海公为首的十八路反王，结束了混乱。他们在救助人民和维护正义的道路上，充分展现了各自的信仰、能力和方法，留下了自己的名字，为后人所敬仰。他们向我们展示了隋唐时代的成就、变迁和社会的更替，以及历史发展的必然性，也为未来敲响了警钟，让人深思、感慨并感动不已。

此部影片充满了丰富的内容和多彩的人物，为观众展示了许多女性的面貌和风采。情节跌宕起伏，凭借这些优势，在当时引起了不少关注，带来了巨大的商业效益。当然，也有掺杂着"污垢"的问题。

例如：在薛仁贵征西时刻，历史记载李世民已离世，但在电视剧中，李世民却还活着。公元 643 年，李承乾发动谋反，而长孙皇后在公元 636 年就已逝世。然而，在电视剧中，出现了长孙皇后劝告李承乾不要谋反的情节。或许创作者这么做是为了唤起人们对逝去的亲友的怀念和悲痛，或是让人们正视死亡并从中获得生命的力量。在剧情不断升温的过程中，悲伤与哀思越来越浓烈。

或许在李承乾看来，长孙皇后可能一直存在于他的幻想中。长孙皇后过世后，一切都开始失控。李世民也从之前的明智变得暴躁乖戾。而李承乾因受到严厉的教育，越来越担心自己无法成为皇帝，最终发动了谋反。

事实证明，单亲家庭对孩子的影响是非常大的，无论从哪个方面来看。在剧情中，李承乾回忆与幻想了母亲长孙皇后若是还活着时会如何劝告他不要谋反。他深感母亲辞世过早，心里充满了空虚。即便他意识到自己的行为严重，却已经无法挽回。他对母亲的思念之情有多种表现方法，如回忆、幻想以及想象她阻止自己，等等。电视剧却选择改变历史事实的方式，这是对历史事件的不敬，也是对历史缺乏深入研究和分析的表现。

时间是什么概念？从官方角度来说，时间是一个形而上学的概念。它是我们无法掌控的事物之一。因为不论我们此时是休息还是工作，时间永远不会停止。实际上，时间是人类积极存在的结果。有了人的参与，时间才具有了伦理意义。我们对时间进行定义，我们生活在时间中，我们参与时间的流逝。每个人每天都在做事情，只是做的事情不尽相同，它们所包含的意义也不同。因此，我们才会发现历史中前人的所作所为有着重要价值，这些实践所反映出来的价值至今仍非常瞩目。历史时间不是纯粹的客观存在，也不是纯粹的主体意识，而是人类历史实践下主客体的统一。

时间是一个极其广阔的概念。在日常生活中，我们通常只把时间作为计时的一种工具来使用。我曾经遇到一个学生，她表示自己一直无法理解钟表上的时间。尽管我们曾尝试多种方法去帮助她，却始终无法补全她在时间认知方面的短板。对于这个学生来说，时间是一个深奥的概念。但无论是哪种形式的时间，我们都必须承认：时间是一件难以理解的事情。

如果将时间放入历史的背景之中，就会发现，时间本身也是十分复杂的。历史上的每一个时间点发生的事件都是独一无二的，甚至在同一时间，可能也会发生多种事情。如果说生活就像一场演出，那么时间就像是演出的背景和幕布。虽然你可能不会在演出的过程中过多关注时间，但它的存在却无时无刻不在影响着你的生活。无论是在现实生活还是在历史中，时间都代表了我们的经历、回忆和成长，即使在衰老的年华里，时间仍然有着巨大的价值。因此，对于任何人而言，肆意改动时间、歪曲真相，都是一种错误的行为，这是由于他们没有真正理解时间对于历史意义的重要性。

这也意味着，历史中的时间存在一种客观性和必然性。每一次历史的发现，我们都将以时间为主轴来展开研究，对这一段历史背景进行背书，时间在其中起到了至关重要的作用。正是因为时间的存在，我们才能够研究这段历史在背景、环境、发展、经过和结果等方面的变化和演进，而这些都是我们研究历史的先决条件。无疑这也是一个历史的定律，时间是无法被人的主观意识所轻易改变的。

例如，在历史上，李世民曾经发动"玄武门之变"，杀了李建成和李元吉。但在某个剧中，却是李建成杀了李元吉，然后自杀，这导致了时间线的矛盾，这就属于"错误结果"。

那么，究竟什么是"错误结果"？其实，逻辑结果可以分为"错误结果"和"逻辑结果"两种。其中，"错误结果"指两件事之间没有直接关系，而"逻辑结果"则是指两件事之间有关系。我们通常追求的是逻辑结果，但这并不是绝对的。错误结果往往可以带来新的思考，是逻辑结果产生的前提。然而，在历史剧中改变剧情导致无法与历史相贴合，这样的逻辑缺失只会导致徒劳无功，以卵击石。因此，在生活中，相比过分的改动，有时留一些余地反而更为合适。

逻辑的清晰与否直接反映了理性思维的交流和碰撞。一个有逻辑的人做事情更加符合客观规律，避免复杂混乱，从而让事情更加顺利发展。作为一个创作者，逻辑思维是必备的基本技能之一，也决定着其作品呈现效果的好坏。作品有可能是"口水文"，有可能是"流水账"，有可能只是无逻辑的"发牢骚"，具体需根据不同群体的需求而定。

这可能会促使一些人尽力迎合大众口味，但都需要遵循一个前提条件，即不能为了某些利益而任意杜撰、揣改历史，或者随意添加、遮掩和删改内容，更不能追求所谓的"反转"和"引人入胜"。

唯有经典才能赢得口碑，改编并不一定是最佳选择。这不是"保守"，而是处世的智慧。选择做好当前的工作何尝不是更好的选择呢？只有在厚积薄发、积累到一定程度的基础上，改编才有可能具有意义。

3. 学习唐朝历史受到的启发

"每个人都有自己的哈姆雷特"，这句话表达了人们在面对同一事件时，由于各自的经历和认知，会有不同的看法和反应。学习历史可以让我们更加理性，因为历史是客观存在的，它可以帮助我们了解过去的经验和教训，我们可以更好地理解过去、把握现在，更好地迎接未来。以隋唐朝代为例，我们可以从中得到一些启示。

首先，我们应该欣赏那些有义气的人。隋唐五虎的形象深入人心，他们在好友有难时挺身而出，拔刀相助，展现出豪气干云的精神。这种义气是社会需要的，但随着社会的发展，出现了"哥们义气"。这种义气有时候是反例，是寄生于发展中的不健康体。哥们义气极端发展，导致渗透于犯罪团伙始终，约束犯罪未成年人的行为与内心，成为他们的行为准则与精神纽带。

其次，责任心是社会不可或缺的品质。李世民建立了唐朝，经过深谋远虑，打倒了十八路反王，夺取了江山。这需要强烈的责任感、细致的观察力和丰富的实践经验，才能应对实战。实践才是检验真理的唯一标准，只有有责任心的人才有可能获得成功。在现代社会，班主任在学生管理中扮演着重要的角色，责任心是班主任最基本的道德素质，也是做好班主任工作的前提和动力源泉。有了责任心，班主任才能想方设法把班级管理好，追求工作的尽善尽美。

4. 学史明理

◎ 4.1 教师在教学过程中应该注意的教学技巧纪要

历史可以让我们从中总结前人的经验，吸取教训，从而为我们的未来指路。作为一名教师，我们不仅要传授知识，更要注重纠正学生错误的知识观念。其中一个有效方式就是记录知识的要点，也就是"纪要"。这样可以帮助学生记住所学的知识，提高学习效率。然而很多学生对历史不感兴趣，一部分原因是历史本身的枯燥无味和复杂多变，另一部分原因则是他们所学的知识纪要存在错误。

现在，很多学生一提到"历史"就会感到头疼，因为对他们而言，"历史"已经不再是一门有趣的学科，而是一堆枯燥的纸张，记忆繁杂且凌乱。学习历史就像是完成一项任务，学生们反复地学习和练习，但似乎永远也不能完成所有的习题，不能记住重点知识。而他们学习的目的也只不过是应对考试。

考试结束之后，他们对历史的了解几乎被遗忘得所剩无几。现在的教师更加注重考试，而非对历史本身的了解，这是一个奇怪的现象。现在的学习需要选择科目和分化文理科，甚至选择了物理的学生就会弃历史于不顾，这种分化是非常极端的。如果这种学科思维深入人心，那么未来谁还会研究历史呢？新鲜血液的注入也会因此而逐渐枯竭。这是一个值得我们深思的问题。

我自己是一名历史教师，但我也注意到有些教师上历史课只是敷衍了事，生硬地念教案和长篇大段的历史课文。结果学生们显得昏昏欲睡，而教师们似乎也束手无策。最近我在网上甚至发现了误导学生的情况。这让我反思：为什么教学标准和门槛会变得如此之低呢？如果教师的知识储备不充足，就会胡编乱造。一旦被深入地询问，就只能请学生看书或自行上网查阅资料。但这与某些历史教师传播错误信息相比，就不值一提了。因为错误的历史观念将直接影响下一代的三观和社会观，甚至影响他们辨别是非的能力。所以，我们需要重视历史教育，加强教师的专业知识培养。

历史是一门需要被认真对待的学科，它不应该仅仅是为了迎合考试需要而去学习。我开始向身边的人询问他们对历史的看法，幸运的是，大都持积极的态度。接着我问道："你认为历史学习中最困难的地方是什么？"大多数人的回答都是一个字：记。这让我感到有些无奈，因为"记忆"确实是一种传统的历史学习方法，然而，大多数人往往只是死记硬背，这种方法已经影响了很多学习历史的人。但是，"学习"这个词，学在前面，说明我们的祖先早就把秘诀传授给了我们，那就是"学"。换句话说，学习即是掌握方法和技巧，"记忆"只是学习历史的一种辅助方法。

历史教育需要深入浅出地向学生传授知识，真正让学生理解历史事件，使他们能够学以致用，只有这样才能让历史深入人心。正如人们常说的一句话："学习就是要在理解的基础上进行记忆。"这句话无疑是正确的，良好的理解是记忆的基础。如果没有掌握正确的学习方法，仅仅是一味地去记忆历史事件，效果只会适得其反。因此，历史教育需要重视教学方法，让学生在理解的基础上进行学习，以取得更好的学习效果。

◎ 4.2 如何激发学生学习历史的兴趣

自主学习历史的核心在于激发兴趣，这需要在不施加压力的情况下进行，因为强制要求不仅不能引起学生的兴趣，而且可能导致他们对学习产生反感。因此，作为历史老师，我们不仅要深入研究历史，而且要想方设法将所学的知识融会贯通，用能激发学习兴趣的方式传授给学生，从而使他们产生对历史事件原因、经历和结果的好奇心，并通过这种好奇心逐步引导学生深入研究历史。

我曾被邀请参加一位老师的公开课，这堂公开课的主题是隋唐时期。教学方式采用了"角色对对碰"的形式，分为两个模块。第一个模块名为"故事重现"，要求学生事先搜索与历史事件相关的人物，并在课堂上演绎。这样可以使学生对这些人物有初步的了解。接下来，进入第二个模块——"角色找错"，其中学生扮演历史上的人物，做出一些不符合其身份、社会背景的行为举动，其他学生需要找出他们的不妥之处。

我印象最深的是一个由三个小故事组成的表演，演绎的是一个常被后人误解的人物李道宗的故事。在表演中，李道宗身着披风，外表十分威武，但他却陷害了薛仁贵，与唐太宗的妃子杨妃有着不寻常的关系，最终被以谋反罪名处死。实际上，他参与了许多战役，为唐朝的统一与拓展立下了汗马功劳，被唐太宗和其他几位将军评为名将。

李道宗原本是一个高大伟岸的形象，然而在影视剧中，他被描述成一个害人害己的小人，这种丑化行为导致后世总是凭借着这种刻板印象来评定他。在整个表演过程中，每个人都表现得非常投入，扮演者的情绪和动作非常到位，台下的观众也异常激动。表演结束后，所有人包括来宾都对他们表示赞赏。讲师也赞扬他们的表演非常精彩，能看出来做了充分的准备。

随后，讲师让台下的学生找出这段表演内容中的问题所在，其中有一个学生指出这三个场景展示了李道宗的奸诈，然而实际上李道宗却是赫赫有名的将领，晚年因为被陷害而在流放途中病死。讲师点头赞同，并向大家详细地介绍了这段历史和这个人，重新定义了这位名将。整节课的气氛非常热烈，学生们情绪高涨，热情洋溢。

最后，讲师询问同学们今天收获了什么，让所有人都非常意外的是，在寻找资料，准备表演的过程中，大家已经提前感受到了隋唐时期非同寻常的历史。他们认为这是上过的最有趣、最生动的历史课，不仅学到了书本上的知识，更多的是学习了引申之外的历史内容。

事实上，通过这个例子，可以看出一种新的学习历史的方法不仅可以促进学生对历史知识的接受，更多的是引导学生对历史文化进行自主的研究和探索，这也是我们所期望达到的目标，因为兴趣是学习历史的最好动力。

我记得曾有一名年轻的历史老师参加了学校的历史辩论赛。他找完材料后，我让他先在班级里模拟了一次现场辩论，大家对他的稿子提出了一些建议，他接受了建议并进行了优化。等到比赛的那天，能够去观看比赛的同学都到了现场，为他加油。他从容不迫地发言，随机应变，准备完美，不负众望。所以，一个好的历史氛围可以促进学生的进步，能够带动起来的学生也不止一个。在这个过程中，每个人都收获了知识。

其实在我的教学过程中，几个学生与我对历史的认知产生了矛盾，但我并没有因此生气，反而感到庆幸，因为他们提出了与我相反的历史观点，这说明学生是通过思考得出结论的。我以平和的态度与他们沟通，换位思考，通过交流与沟通，避免了冲突，加深了与学生之间的了解，这就是正确的历史教学方式。

在我通过多方渠道了解了一些激发学生学习历史兴趣的方法后，发现这些方法都是基于学生们的分享和探索来实践的。以下这些方法的分享：

首先，可以举行游园会。学生 A 提到了大学时组织的"一带一路游园会"。活动通过在游玩的同时体验该国家的历史，为入选的每个国家设立专门的定点体验区，该活动获得了一致好评。

其次，进行历史知识比赛。学生 B 提出了指导老师可以设计较为有趣的问答，比如"提到××（历史人物）你可以想到什么"；"××（朝代）与××（另外的朝代）在某些方面有什么异同"，从而激发学生们的学习兴趣，以多种方式呈现题目的答案。

另外，利用诗歌、民歌来丰富学生的精神世界也是一种不错的方式。在讲解某段历史时，可以采用相关的诗歌来拓展历史的深度和广度。

多阅读历史书籍也是学习历史非常必要的环节。

学生 C 分享了他自己的实践经历，他曾经也觉得历史枯燥无味，但是通过参加历史活动、进行历史写作等实践，他慢慢地搜集资料，仔细阅读资料，反复推敲后，打通了历史的任督二脉，最终发现历史还是很有趣的。因此，实践非常重要，而且要从小抓起，打好基础。

将历史知识与当代结合起来，体现其时代价值也是一个不错的方式。此外，以体育活动为背景，从起点开始进行历史知识考问，对则前进，反之，不动，赛程中间时刻，还可以有惊喜大放送，比如历史片段表演、关于历史物品赠送等。

还可以设置猜灯谜活动，来进行历史故事提问、纠错等。最后，从历史中不同人物的立场来考虑问题也是一个非常有趣的方式。历史会因为每个人的读解不同而有不同的见解，这就是历史的魅力。

以上的这些方法都是为了更好地让学生自主地学习历史，能激发学生们的学习兴趣，让他们爱上历史，并通过历史的学习来让自己变得更明理。

历史不会重演，因为历史是不断进步和改变的，而这种客观的进步和改变是无法预测的。每个朝代灭亡的原因都是不同的，每一段历史的出现都有其独特的原因。因此，对待历史我们需要追求真相。在许多历史问题上，我们要重视证据，列举事实真相，让人们进行自我判断，从而了解历史规律，避免犯错，吸取历史经验，集思广益。历史的教训并非就意味着经验，我们在学习历史的时候，需要考虑到环境、时间等因素的影响，从而进行客观的判断，做出不同的选择。我们应该在历史中寻找符合现代发展的因素，发扬优秀的传统，从治国到为人处事，通过学习历史促进社会的进步。

历史文化中有很多值得我们借鉴的地方，也有很多需要我们反思的地方。因此，我们要铭记历史，牢记历史，只有不忘过去，才能拥有美好的未来，只有不忘历史的民族才能发展成为强大的民族。展望未来，我们要遵循"有不可全信"的原则，辩证地看待并分析历史，用心去感受其中的故事。

无论你是一名作家还是一名电视编剧，无论互联网时代如何改变和进步，我们对于历史文化都需要保持一颗敬畏心。创作历史相关的作品时，需要精心打磨内容，使其能为人所广泛接受，这就是所谓的内容价值，这是不可改变的规律。在变化中寻找不变，这是我们学习历史的原因。我们需要提高对待历史的敏感度，仔细审查作品内容。虽然通过翻拍和电视网络等传播媒介可以让历史更加深入人心，让英雄豪杰的大无畏气概更为传神，但是如果缺乏对待正确历史的态度，很可能导致作品遭受质疑和批评。

因此，我们需要牢记"根基不牢，地动山摇"的道理，避免偏差和错误。我们需要推出展现中华优秀传统文化的电视剧和电影。这些作品深刻表现了爱国情怀，对于未来的影视界有着很好的示范作用。虽然我们处在"快节奏"和"自媒体"时代，这些文化作品不再只限于在传统的电视屏幕上传播，而是可以通过手机观看。但是其中也存在一些浑水摸鱼者，盲目追求热度，发布带有破坏性的内容。

他们发布的信息毫无根据，毫不负责任，有些在历史史实方面更是无中生有。相比之下，一些现象级综艺节目却是荧屏上的清流，例如《中国诗词大会》，它为文化综艺市场树立了榜样，加强了文化节目的市场欢迎程度。

正视历史并不仅限于文化作品，我们可以从身边的人物和事情中汲取正能量，为中华文化开拓国际市场打下基础。历史曾经有过动荡的年代，人们怀疑和不信任，但是邪不压正，因为有无数的前仆后继的人，他们有些平凡，有些伟大，但都有一个共同点，即他们不会盲从潮流，知道任务的艰巨性。历史的传承需要有主见的人，这样才能让历史不断前进，他们不断学习和积攒的能量必定会有所成就，让民族更加强大。所幸现在我们拥有的不仅仅是那些有主见的人，而且拥有更加丰富的资源，我们可以选择其中的后继者，站在巨人的肩膀上，开创属于自己的宏图时代。虽然时代不断变幻，但是百花齐放，百家争鸣。历史过去了，但我们不会忘记那些先驱者们，也要新认识那些优秀的述说历史的人物。

历史是一个神秘的领域，我们无法肯定我们所看到的是否真实。但是，我们可以相信专业的考古学家。他们致力于还原历史真相，将过去重现在我们面前。此外，我们有众多的教育者，他们耐心地教育新的一代人，让他们砥砺前行。我们也有许多正能量的网友，他们心怀爱国之情，一旦出现不良言论，便拧成一股绳，抵制负面影响。在这个时代，我们能够信任的东西，是由实物、文物等历史遗迹所证实的事实。因为我们永远无法预料那些不怀好意的人会隐藏在哪个角落，窥探着我们的一举一动，准备对我们发起攻击。因此，我们必须了解自己的内心世界，保持警觉，不要当惊弓之鸟。因此，我衷心希望每个人都能尊重历史，以史为鉴，可以适度修饰、美化历史，以便让我们的新生代能够从历史中学到更多东西。

对于历史研究人员，我们应该做到：

一、创作出富有艺术性的新时代佳作，宣传正能量，满足人民文化需求，增强人民精神力量；二、聚焦先进文化，遵循唯物史观的指导思想，挖掘历史题材；三、坚持以人民满意度为最高标准，不断完善作品评价体系；四、大力支持鼓励高质量文艺创作。尊重艺术规律，建设德艺双馨的文艺创作骨干队伍，激发创作热情，保持创作活力。因为优秀的电视剧作品往往不会暴露缺陷，对于政治和历史问题也是慎之又慎。如刘奇葆所言，中国的电视剧事业正处在由大而强的关键时期。只有正确对待问题，才能减少疑虑，做到更好。

因此，虽然中国古装电视剧的创作还面临许多困难，但是，我们不能辜负前辈们的期望，也不能辜负新一代人的期待。有时候，保留原汁原味未必是正确的选择，有时候进行改革创新未必是错误的选择。关键在于如何把握尺度，一旦把握不好，就会导致意想不到的结果。因此，在敢闯敢拼的同时，我们必须有所把握，相信中国的历史可以以更多元化的形式呈现给我们，并且相信学习历史的道路可以越走越远。

近年来，那些背离历史真相的不良现象得到了不少抑制，但是还有一些不理智的人试图挑战底线。但没有人可以独善其身，我们需要相互监督，遵守法律法规。前人为我们栽下了树，我们要充分利用这个资源，坐在树荫下"享受凉爽"。只有大家齐心协力，不良现象才能被根除。春天越来越近了！历史发展如火如荼，定会开拓出一条属于中国的崭新道路 —— 康庄大道，这条路上盛开着五彩缤纷的鲜花，邀请各位前来欣赏。

第八章 五代十国
（公元907—公元979）

1. 五代十国的起源与兴衰

唐朝是中国历史上一个非常灿烂的时代，备受世人瞩目。然而，唐朝的辉煌繁荣也在晚期被衰落所取代。自从安史之乱以来，地方节度使的权力不断膨胀，导致地方混乱不堪，民不聊生。

公元878年，因为连年旱灾和蝗灾，黄巢领导农民发动了起义。

公元882年，黄巢的手下朱温投降后，被封为右金吾大将军，并成为对抗黄巢的主力。公元884年三月，黄巢在王满渡被朱温击败，黄巢手下的许多人也投靠了朱温。黄巢之后败走，至泰山后下落不明。朱温因为镇压有功被唐僖宗赐名"全忠"，次年拜汴州节度使，并继承其父的封号成为梁王。随着势力不断扩张，他成为当时最大的地方军阀。但朱全忠显然并不"全忠"。

公元901年，朱温率军进入关中，掌握唐朝中央政权。904年，迫使唐昭宗迁往洛阳，并将其杀死，立唐哀帝之子李柷为帝。907年，他逼迫唐哀帝禅让，自立为帝，改名为朱晃，建立梁朝，年号开平，史称后梁。唐朝灭亡后，中国历史进入了最为混乱的时代——五代十国。

以中原为中心称霸天下的正统王朝有五个，分别是梁、唐、晋、汉、周，但时间都不长，最长的也只有十一二年。朝代的兴衰更迭被浓缩成一枚水晶球，映照出几十年间五次王朝的更替。后人站在局外观望，那枚水晶球中不断重复的历史令人深思。而当时的人们却看不清迷雾，看不见全貌。

梁太祖建国时推行改革，重视农业，轻捐重兵，但很快陷入荒淫状态。临死前，梁太祖想封养子朱友文为太子，亲生儿子朱友珪为了继承皇位而弑父。但不久，朱友珪的弟弟朱友贞联合天雄军夺取了皇位，后被称为梁末帝。与此同时，北方的晋国也发生了巨变，梁太祖的老对头李克用因劳累过度去世，临终前留下遗嘱传位给他的儿子李存勖。

公元923年，李存勖在魏州称帝，后被尊为唐庄宗。

唐庄宗初期励精图治，攻打梁州和吞并岐山。然而，之后他开始沉迷于纵欲和宠幸伶人，并且乱施功赏，引起了众臣的不满。不久之后，唐庄宗死于兴教门之变。他的养子李嗣源乘机进攻洛阳，并称帝为唐明宗。在位期间，唐明宗进行一系列政治整顿，革除旧法，诛杀宦官，并且重用有才干的人。然而，好景不长，公元933年，唐明宗重病，其子李从荣夺位失败被杀。他的幼子李从厚接任皇位。此时，唐明宗的养子李从柯和女婿石敬瑭都是节度使，手握重兵。公元934年，李从柯攻入洛阳，杀死了李从厚，然后自己称帝为唐末帝。

之后，石敬瑭联合契丹攻打后唐，成功称帝后改国号为晋，史称后晋，并割让燕云十六州，对契丹俯首称臣。然而，晋朝国力日益衰落，国内藩镇掌权者亦不服晋朝，常常暗中联系契丹，企图夺取皇位。在内忧外患的情况下，石敬瑭身心俱疲而去世，他的侄儿石重贵继位，被尊为晋出帝。晋出帝不满契丹的态度，停止向其缴纳供奉。于是，契丹领袖耶律德光南下攻打晋国。最终，石重贵开城投降，后晋灭亡。

公元948年，刘知远去世，其子刘承佑继位，后被尊为汉隐帝，其时郭威为辅政大臣。然而，刘承佑生性好猜忌，听信宠臣的挑拨，遣走了郭威，并杀害了郭威全家。

于是，郭威起兵反抗，率军攻回开封，杀死了刘承佑。接着，郭威入主开封，但他并没有想要称帝。相反，他立刘家子孙刘赟为帝。然而，不久之后，辽军入侵，郭威带兵抗击，兵士们拥护他称帝，建立了周朝，郭威并被尊为周太祖，后来汉朝灭亡。他在统治期间，减轻赋税，政治清明，并平定了各地的祸乱。

公元 954 年，郭威去世，他的养子柴荣接替其位。柴荣志存高远，想要统一整个天下，他在位期间确实使得国家越来越强大。遗憾的是，柴荣的统治时间太短了。公元 959 年，柴荣北伐辽朝时突发疾病，回到都城后不久便去世了。他的幼子柴宗训接任皇位，而此时禁军领袖赵匡胤率军北上，在陈桥驿得到禁军的拥护，自称皇帝。随后，赵匡胤回到开封，迫使柴宗训禅位，改国号为宋。到此为止，后周灭亡了，五代也随之结束。

十国中，吴、吴越、前蜀、后蜀、闽、南汉、南平、楚、南唐、北汉都曾独霸一方。其中，吴越的历史最为悠久，而南唐的版图最为广阔。同时，由于中唐时期国主李暻父子的诗词成就，南唐在文化领域也最为出名。

2. 朝代历史的虚与实

在一个混乱的时代，王者的权力常常具有决定性的影

响。在五代十国时期，兄弟之间相互对立，父子之间相互
伤害，君臣之间充满着猜疑和嫉妒。由此，原有的伦理秩
序崩溃，甚至会出现食人事件。然而，正是在这样的混沌
时期，人们更能够深刻地了解历史的哲理。如今，网络上
充满了各种丰富的历史文化作品，通过小说、电影和广播
等形式，从不同的角度演绎历史或改编历史，以便向观众
展示某些知识或历史教训。历史具有其特殊性，并且有时
一个微小的改编就足以完全改变历史的韵味。

以五代十国时期为背景的《吴越钱王》和《大宋传奇》
中的赵匡胤等影视作品为例，单从它们的名字就能够发现
一些问题。各影视拍摄的重点在于向个人英雄主义靠近，
即将朝代的兴衰归于个人身上。虽然这对于影视作品来说
无可厚非，但它确实是一种不合理的文化导向。当然，这
只是影视作品所忽略的地方，而似乎没有谈及改编。历史
本身就是沉重的，常常会因为一个小的举动而造成大的影
响，但有些影视作品却不会这么想。他们为了故事情节和
流畅性，为了提高收视率和关注度，任意改编历史事件，
然后让故事的结局回到历史正轨，就像他们对情节的改编
不会影响最终历史走向上一样。

例如，曾经流行过一部电视剧，有几个情节需要仔细
考虑：它讲述了朱温在公元904年逼死唐昭宗后称帝。这

段情节非常简单，杀死了前朝皇帝，然后自己成为皇帝，改变了国号。第二个情节是，电视剧强调钱镠的选择是由他的经历造就的。也就是说，他之所以能够成功，是因为他自己，这种个人的独特性使得他获得成功。电视剧的表现方式是赵匡胤或钱镠怎样做出正确的选择，却忽略了他们做选择时的情景和情绪。剧中的做法实际上撕破了五代十国时期最后一块礼法遮羞布，当朱温还在跟正统继承法斗争时，它仍有助于掩盖当时礼仪崩溃的现象，而电视剧中却将此段情节删除，这的确使故事情节更为紧凑，也为朱温的人物性格塑造埋下了一个伏笔，为其后期的家庭混乱做好了铺垫。

综合来看，历史剧以历史为背景，但有时候过于完美和理想化。尽管古代君王权力很大，一人好像有能力掌控国家的风雨，但实际上形式和大局更为重要。吴越国是五代十国中存在时间最长也相对稳定的国家，这与吴越王钱镠的治理有很大关系，但并非仅仅由他一个人主导，而是由他的一切经历共同铸就的。实际上，如果仔细研究，不难发现，他的成功是整个时代环境的推动，赵匡胤也是如此。他们当然都很独特，但这种独特是来自环境的必然。钱镠出生在文人世家，拥有丰富的文化内涵，在一个武官横行霸道的时代中成了一股清流，他的各种选择本质上也是在他的文化内涵下做出的。这正是理解君王、理解历史，从历史中汲取智慧的最重要的一点。

在正史中，朱温先立唐昭宗之子为帝，然后再逼迫他禅让并自己称帝。这种行为对很多人来说似乎是画蛇添足，因为本来他就要称帝，为什么还要做这么多事。实际上，如果没有这一步，南方其他割据势力更不可能承认朱温的称帝。在古代，王位是帝王个人的家族财产，父亲去世后由儿子继承，兄弟之间也可以相互接替，这是所有势力都普遍接受的正统血缘继承制度。外姓族人想要得到皇位，最正当且能被人们接受的方式就是通过禅让。朱温的做法不仅断了其他割据势力抓住他的破绽进攻的理由，还确保了他的皇位能够得到认可。历史上，朱温称帝的同年，前蜀、吴国等也宣布建立国家，而朱温封钱镠为吴越王、潭州刺史为楚王。在这里，吴越国和楚国都承认中原王朝为宗主国，这也是朱温正统继承的原因。如果有人揭下了这一层遮羞布，打破了继承程序的合理性，那么他就不会被世人所接受。正史中，后晋史也正印证了这一点。太祖石敬瑭跟契丹勾结，直接杀入都城夺取皇位，揭穿了夺取皇位的可笑做法，奉行的是"天子，兵强马壮者为之"，但在中国正统文化里却不被认可。于是，一些地方割据势力不承认晋朝，而晋朝内的藩镇却是在与契丹的战争中直接为其带路，直接走向开封。同样，契丹首领耶律德光攻入中原后成立了大辽，但中国各地方割据势力仍然不承认，刘知远甚至以中原无主为由在太原建立后汉，然后攻入开封称帝。

3. 学习此段历史受到的启发

审视五代十国的历史，我们不难发现那些留名于史册的昏君，其荒淫行为层出不穷，这些行为在当今看来简直是匪夷所思。人们难以想象从何而来的怪异想法促使这些君王做出如此出格的选择。然而实际上，很多时候这些选择都是必然的，这些看似荒唐可笑的行为却是在当时特定的历史背景和社会情境下产生的必然结果。

有个孩子向我哭诉他昨天不小心把手机摔坏了。这并不是因为任何特殊的原因，只是当时他弯腰时手机从口袋里滑落了，并且手机的相机镜头撞在了马桶座的棱角上，摔碎了。他的家人得知这件事后，不断地责备他：你怎么不知道口袋很浅？为什么要把手机放在口袋里？

这个孩子无言以对，只能默默承受这份伤痛。实际上，他深知手机不应该放在衣服口袋里，无论口袋的深浅。但是在当时的情境下，他却无法想起这个简单的道理。

每个人都会有这样的经历。如果在历史和影视作品中只是展现主角在一步步精准的选择中成长为明智的君王，而忽略了每一个选择背后情绪和情境的影响，那么历史教训就变得极浅显。就像是毫无情感地讲述手机不应该放在衣服口袋里，观众会像那个孩子一样。即使他们明确知晓这个事实，也无法在适当的情境下加以应用。这样的话，意味着我们无法从这些历史教训中得到任何警示，只是单纯地消化这些生涩的历史道理。缺乏深刻完整的情境和情感还原体验，这样做很难真正领悟历史的本质。

　　然而，人类大脑中的情景极为复杂，因此如果我们希望从历史中获得一些意义和教训，就必须理解历史中的情境和人们当时的感受和状态。这个过程中最重要的是要了解他们在何种情况下产生情绪波动并做出反应。而这种情绪复写往往是历史影视作品中最容易被忽视的一点，甚至被完全忽略。这本身并没有错，但是我们需要强调一点：如果无法真正理解这一点，那么即使看再多的历史改编影视作品，也无法真正理解历史的意义。相反，这可能会影响观众对历史的二元评价，即非此即彼。比如当观众看到某一朝代的末代君主时，就会指责他们昏庸无能、放荡不羁，认为即使自己成为皇帝也能做得比他们更好。然而，当观众看到某一朝代的盛世君主时，就会赞扬他们举贤用能、重视礼仪和下属，最终误以为自己已经掌握了这些道理，并可以在任何情况下使用它们。实际上，我们都可能像那个孩子一样，在某些情况下明知不该这么做，却还是会这么做。

因此，如果我们希望真正理解历史的含义，就需要对历史背景和人们当时的感受进行深入复写，这样才能从历史中真正受到启发。

这里探讨了大脑在不同情境下所表现出的闭合和情感状态，以及它们对于立场和选择的影响。近年来，现代年轻人普遍认为"降智"是一种针对特定情境下的智力下降状态，但几乎所有的影视作品都没有真正地表现出这种状态。在电视或电影中，主角和反派的神志始终是清醒的，他们做出的决策和选择也都是在极度清醒的状态下进行的。这种错误的呈现会让观众产生一个误区，即历史上的人物在任何情境下都保持着清醒的头脑，而这一点既无法真实地还原历史，又会导致观众对于历史人物的评价偏颇。因此，我们需要更深入地理解历史人物在特定情境下的思考方式和情感变化，才能真正领会历史的意义。

为了更深入地了解历史人物，我们需要探寻和感受他们日常生活中的细节。也许我们可以通过将自己的人生经历移植于历史事件中，或者是模拟历史人物生活的环境和经历来感受他们当时的情感变化和心理状态。只有这样，我们才能更好地理解历史人物做出的各种选择和决策，并从中悟出历史的真正含义。我们还应该认识到，不同情境下的大脑活动和情感状态是不同的，这也决定了我们所处的立场和所做的选择。例如，前文说到的那个孩子曾在一次冬日骑车回家时面临头盔选择的抉择。虽然回想起来他也许会后悔，但是这种选择是在特定情境下做出的，取决于当时的环境和经历。因此，我们需要在理解历史人物的同时，也要认识到我们个人在不同情境下所面临的不同选择和决定，并且不能轻易评价他人。

这样的心理其实是许多人共有的，只不过没有被具体对象化和显现出来。当然，影视作品也往往没有体现这种心理变化，因为影视作品通常旨在突出主角形象，并彰显人物的冷静与理智。因此，创作者有意忽略了历史人物在不同情境下心理的差别和变化。但是，这样的影视作品很难生动和灵活地传达价值。历史人物好像只是存在于书面中，就像神话一样。这种影视作品只能呈现出死板的道理，实际上无法为人所用，更会误导观众。让观众以为他们已经掌握了足够的知识，却不了解实际情况。

在社会体制中，君王享有崇高的地位，同时也承担着重大的责任和义务。禅让制度是君主高尚品质的代表，无论是禅让者还是受禅者，在中国历史中都应被视为道德文化的重要体现。成为皇帝的前提就是获得广大人民的认可，禅让制度就是继承君主德行的传承和保障，被前代君王作为推荐人。在中国古老而自然的文明时代，禅让制度成为一种正统的继承方式。

随着私欲开始出现，血脉宗亲制度开始逐步取代禅让制的地位。这种变化与一个新的观念有关：德行会随着血脉传递。因此，权力开始成为家族游戏。然而，五代十国的出现打破了这一点，甚至打破了对君王德行的要求。"天子，兵强马壮者当为之。"这破坏了古老的德行传承制，只有武力高强者才能当皇帝。五代礼乐伦理崩溃，武人当道，社会混乱不堪。但即使如此，夺取皇位时仍需要找到理由。即使刘知远赶走契丹入主中原，他也需要号称自己是刘邦的后代，这样才能够为兴复汉室提供史学上的依据。

每一段历史都像一颗珍贵的水晶球，五代十国时期由于其混乱而尤为特殊。水晶球中往复不断的各个国家，经历着原始而混乱的斗争与颠覆。有五个短暂的正统朝代，也有像吴越这样在动荡时期保持稳定并让百姓安居乐业的国家。从这颗水晶球外观察历史的重复循环，从历代君王和大臣在不同的情境下作出的选择中找到对自己有所益处的知识固然重要。然而，最关键和最艰难的是保持理解和清醒。要理解历史人物和促使他们做出选择的环境，而不受现有情感的影响，是一件十分困难的事情。即便我们知道具体应该如何去做，却很难做到不受现有情境的情感影响。就像在南方夏天的烈日下站立会让人感到烦躁不安，在冬日的午夜则会有一种冰凉感。这些情绪状态可能并不准确，只是在特定情境下的一种反应。如果我们抛开这些情绪而直接看待历史人物所做出的选择和行为，很容易产生某些偏见，认为他们是聪明或愚蠢的，但实际上，一个人在不同情境下表现得既愚蠢又聪慧，才是一个真实而矛盾的人物。然而，我们很少从情境本身的角度去解释为何产生这些情绪。此外，情境本身产生的情绪有时会与个人身体状态产生共鸣或联系，从而促进更加强烈的新情绪产生，这种情况又会重新影响人们的选择和行为。

另外一个值得关注的问题是五代十国时期的程序礼制。许多人在追求名利或者争取支持时，通常会严格遵循礼仪规定。但实际上，在五代十国时期，礼仪已经几乎不存在了。因为唐末制度中地方官员的制度，节度使独掌大权，几乎成为一种土皇帝的存在。而节度使本身就是军人出身，善于征战，自古以来文武互相藐视，这在五代十国时期更是明显。此时那些粗犷的武人掌握了大权，整个社会格局便有重武轻文的趋势。宋朝看到这种情况，也许会有所忌惮，重视文化教育，弱化武官的权力。

　　五代中，后唐的第二代君主李嗣源甚至不识字，每次批阅奏折都需要听内阁杜重奏念给他听，但即使学了数年，他还是不识字。这使他日后变得多疑，总是怀疑下属会向他隐瞒事实。在其他地方，这种情况也大同小异，士人的教育和礼仪培养遭到破坏，导致文人在社会中的地位变得极其低下。这在以前是不敢想象的，即使在三国、两晋、南北朝时期，各大君主也非常重视文化教育。封建王朝所依赖的礼仪基础遭到破坏，使得五代各朝虽然被视为王朝，但实际上只是一个松散的邦联，节度使几乎成为各地的土皇帝，与中央政府也没有太深的感情。这种局势在契丹攻打后晋时尤其明显，后晋的藩镇直接带领契丹人攻打开封城。

　　尽管礼乐制度已经崩坏，但程序礼仪却依然存在，宛如一种惯性现象。以朱温篡位为例，他需要借助禅让制度来掩盖真相；李嗣源进军中原则要实现唐朝的复兴；而李昇建国则将其称作南唐；郭威即使加冕皇帝，仍需遵循禅让程序。程序礼仪依旧存在，但并不意味着礼仪还未死去，仅仅是一种残影而已。这种程序礼仪具有深刻的含义，其源头可追溯到春秋战国时期。礼的概念来源于孔家学说，孔子认为老子的道神秘难懂，难以推广，于是寻求其他方法，提倡道德，把仁作为传播媒介，礼作为具体实践手段。

随后，孟子提出道德过于烦琐难行，便又退而求其次，推广仁义，义作为传播媒介，仍然用礼作为具体实践手段。正如老子所说："失道后德，失德后仁，失仁后义，失义后礼。"这是一个极为有趣的现象，礼一直延续至今，而礼仪作为一种具体实践手段，在大规模推广的情况下，往往成为一种僵化的东西，即所说的程序礼仪。这种程序礼仪至今仍在存在，比如某些公司的礼仪文化，某些会议的刻板要求，一旦某些事物要得到普及，总会出现一些不可预测的变化，就像一群人互相传话，经过数次传递后，已经和原话的意思和形式有很大差异了。

4. 学史明理

学习历史并不仅仅是为了了解过去的事件，更重要的是学习其中所隐含的智慧和知识。历史中仿佛存在一些无法言说且难以直接传授的规律和人类情感的秘密，它们以某种宿命般的方式变化着。这些秘密需要我们在历史中去寻觅。历史并不是简单的过去事件的堆砌，而是需要我们深入思考其性质和意义，从历史中深入挖掘出不可言说的宝藏。我们需要从历史中挖掘出发生过的事件，去理解它们带给人类的价值和意义。我们还需要思考这些事件发生的背景，他们做出的选择和造成的后果以及这些后果是否值得我们称道。

五代十国的历史持续了数十年，为什么短短数十年会经常重演朝代更替的剧本，这其中涵盖了人性深度的细节，值得我们深入探讨。当然这种道理很难用言语表达清楚，只能通过自行探索和领悟来理解，我们不能只凭借一些简单的历史知识或者一部历史电视剧就自以为已经理解了历史。

理解历史变迁背后的规律本质上就是理解人性。但我们无法从简单的历史片段中理解人性。最重要的是我们需要关注人性中的情感和智慧，枯燥无味的历史知识永远也无法指导我们的实践。如果想要真正地获取这些智慧，需要关注细节和代入感。

代入感有两种方式，一种是将自己代入历史角色中去，体会他们的人生经历。另一种是将自己的人生经历和情感代入到某一历史事件中去。用代入的方式去理解一个历史人物的每一个行为，能够更加贴切地领悟他的感受和心态。一个人的每一个选择都是过往经历以及当下情感和环境交互作用的结果。历史很好地将一个人的完整成长史呈现于后人面前，后人可以使用代入的方式去体会这个历史人物是如何成长为如今的他，从而在必然与偶然的张力下获得历史的感悟和人生的真谛。

第二种代入法则可以帮助我们探索历史中无限的可能性。历史从来都不是一成不变的，每个历史场景中都蕴藏着不同的可能性。借助第二种代入法则，我们可以将自己代入某个历史朝代中，替换某个角色，然后开始演绎独属自己的历史世界。就好像不同时间线的人生一般，我们可以在历史的舞台上充分体验，同时改变历史的走向。在此过程中，我们将自己的情感融入历史场景中，感受历史与个人情感的结合，进而做出不同的选择。通过体悟每个选择背后的必然性，我们可以更深入地了解历史与人生之间的联系。

以唐末为例，我们可以发现五代十国的兴起并非偶然，而是历史的必然。在唐末时期，诸藩执掌方域，而天子则占据神京。这种政治模式在帝国内部已经成了普遍存在的现象。如"效战国，肱髀相依，以土地传子孙"这一思想在社会舆论中已经广泛流传。五代十国的兴起则是对这种"效战国"政治模式的深入探索和演绎。通过吸收战国时期的政治思想，五代十国形成了自己独特的政治体系，为中国历史的发展奠定了重要的基础 [1]。

在秦始皇统一六国之前，就已经有人通过各种方式企图向君王传达预言。《史记》中记载了这样一件事情："荧

---

① 源稚生.《五代十国的出现是不是历史的偶然？》。

惑守心，有坠星下东郡，至地为石，黔首或刻其石曰'始
皇帝死而地分'。"这句话所表达的意义是什么呢？自周朝
开始，君王就自称为天子，代表天道管理民众。当天上发
生坠星事件时，自然会被视为上天的预示，因为君王代表
着天，所以坠星是上天下达的指示。"始皇帝死而地分"
这句话的意义不是要表达嬴政的死亡，或者说要让某个人
死亡，而是要分裂国土。因为有些人认为大一统不是唯一
的稳定方式，也不是春秋战国后唯一的结局，或者说不是
最好的结局。他们认为，让战国继续演化下去，也能形成
一种不统一但稳定的政治局面。因此，人们通过刻字的方
式来向君王传达自己对于未来的预言。当然，刻字的人不
一定是黔首，即普通老百姓。考虑到历史背景，那个时代
的大多数人都不识字，因此在《资治通鉴》中，司马光删
去了"黔首"这一字眼，仅留下"或刻其石曰"。如果将
这两个事件——跨越数百年的两个时代联系起来，就可
能得出新的解释。也许刻字的人的理念再次复苏，也可能
是出现了新的政治理念，但无论怎样，历史都证明，在中
原王朝那种政治理念背景下，分裂国土的观点最终失败了。
宋朝之后，中国再次统一，并且进一步收缩权力中心，地
方均任文官，再次以礼法约束和束缚人们的思想，从而再
次加强了封建王朝的统治，降低了被内部推翻的可能性。

◎ 4.1 教师在教学过程中应该注意的细节

五代十国时期的历史并未被广泛提及，这是由于时代混乱、黑暗的原因。历代皇朝也几乎被武官所掌权，王朝更迭速度极快，各皇帝几乎都是通过篡位夺得天下。当时的篡位者习惯于抹黑前朝，这也是历史上的常态。因此，对于历代皇帝的评价是否真实符合历史，尚无定论，这个问题也无法得出一致的结论。

然而，五代中期却有一朝 —— 由契丹族建立的辽。虽然辽是在后晋之后建立起来的，但它不被视为五代之一。辽的开国者为耶律德光，他去世后，由其弟继位。然而，他的继任者却将辽的统治范围缩小到其祖辈的拥有地 —— 北方的燕云十六州。最终，辽与宋朝结为兄弟之邦。

◎ 4.2 如何激发学生学习历史的兴趣

事实上历史是非常生动有趣的，但很多老师在教授历史时往往陷入填鸭式教育模式。为了帮助学生在应试教育中取得好成绩，他们只是尽可能快地把历史知识灌输给学生，然后进行不断地重复、默写或者背诵。尽管这种方法可以简单地进行复制式的教学，并且在应试方面也取得了很好的效果，但是许多学生却无法忍受这种枯燥的教学方法，因此失去探索和学习历史的热情。如果得不到乐趣，那么他们只能空洞地知道历史上发生了什么，这不仅会使学生的性格趋向二元化，而且还会产生一种无根据的历史成就感，好像他们已经了解了一切。无论何时谈及历史，他们都能够夸夸其谈，对历代的君王和大臣都有着自己的看法。但实际上，他们只是了解了历史的一些皮毛。这就是填鸭式教育下学生的悲哀。然而，我们并不是要批评这种教育方式，因为它在中国确实发挥了很大的作用。

但是我们应该认识到这种方法并不适用于教授历史，因为历史不应该是这样学的。在教师具备足够的教育能力，或者课程达到了学校要求的情况下，应尝试进行改变。最重要的是，我们要培养学生对历史的兴趣和爱好。在不同的年龄阶段，老师所采取的方法也应有所不同。实际上，在幼儿时期，是培养历史探究和追求情绪的最好时期。在这个阶段，父母可以作为他们的第一任老师，开始进行教育。例如，可以选择一些有趣的历史，比如春秋时期或隋唐时期的历史，自己编排故事或者直接查询其他历史爱好者创作的历史故事，用更加生动的语言讲述给幼儿听，然后耐心回答一个个幼儿天真无邪、充满兴趣的问题。

这里所阐述的道理其实非常简单易懂。虽然文章中已经讲得很明白，但似乎每个人都应该清楚自己需要这样做。

就像前文提到的那个孩子明明知道手机不应该放在浅口袋里并弯腰，但在特定情境下，依然会不受控制地做出不符合自己认知的行为。很多父母也是如此，虽然他们知道讲故事和回答孩子的问题对培养孩子的好奇心和塑造历史观具有十分重要的作用，但在没有任何情境和情绪的情况下可能就不会去实践。这说明，对知识和道理的简单掌握并不能对我们起到多少帮助。更为重要的是，能够理解并应用知识和道理的情境，或是保持清醒的心智，因为情绪会影响人的思考，但是心智却不会。

对中学阶段的历史教育需要更为深入的考虑，如果教师有多余的时间，最好为学生策划一些有趣的小课程，以激发学生对历史的兴趣。这个阶段学生已经可以开始亲身体验历史的魅力了。教师可以挑选一些有趣的历史片段，比如前面所提到的"五代十国"时期，正常的应试教育不过点到为止，略微提及五个朝代，由于中学考纲不做要求，甚至十国名号都鲜有教师提到。但是，我们可以抽出这样的历史片段，一反常规教学套路，选取一些充满活力的学生，在同学们的面前以舞台剧的形式展现这个时期的历史细节。通过这种富有表现力的方式，能够降低学生从前对于历史学习的枯燥感，使他们开始思考这段历史细节。历史书虽然枯燥，但人不是，教师不是，学生也不是。这个

年龄段的学生不应该忍受枯燥的学习，他们的青春充满了
活力，应该得到充分的展现。因此，对这个年龄段学生的
教学，不应该将所有的精力和重点都放在历史书上，而应
该通过历史舞台剧、让学生为历史人物配音等多种方式，
帮助学生沉浸在历史情境中，思考自身与历史人物性格、
所处时代背景和价值观导向的差异。这才是学生学习历史
兴趣的源泉，也是教师或者说社会要努力尝试的教学方向。
因为五代十国历史文化的特殊性，如果将这一时期展开时
代特写，有利于学生的心智成长，同时也会使他们更庆幸
自己生活在当今这样一个盛世，从而增加学生的时代责
任感。

　　目前中学教育往往不够注重五代十国的历史细节，因
为教学者普遍认为有些内容不宜在课堂上详细探讨。然而，
这样的教学模式往往难以激发学生的学习兴趣。相比之下，
实操环节则能够让学生们更深入地探索历史事件的真相。
如果教师与学生关系良好，还可以加入情景演绎，进一步
提升学习效果。

　　教师在教学过程中扮演着重要的角色，他们可以适当
扮演一些权高的角色，帮助学生更好地理解历史事件。同
时，学生们也可以亲身上阵，扮演历史人物，从而更好地
理解历史事件发生的背景和原因。这种教学方式可以更加

生动、真实地呈现历史，提升学生的学习兴趣和参与度。

大学的历史教育实质更多取决于各位教师的个人能力水平，而学生的历史观念大多在中学阶段就已经成形。在大学课堂中，历史课不管是作为专业课还是选修课，都被学生们称呼为一门相对轻松的课程。尤其是选修课，学生只需准时到达课堂并安静地坐着即可，课堂上讲述什么内容对他们来说也许并不是最重要的，因为无论是听课还是玩耍都不影响学分的获取。教师只是按照课本上的内容和PPT上的经典案例讲述相关历史事件和人物，只要不影响学生的选修权，都是可以被接受的。

在这种场景下，学生们大多秉持着"浑水摸鱼"的学习态度，而教师们也可能因此减少对学生的监管，只是按照自己的进度和理解方式讲授历史相关的内容。但由于学生们通常没有强烈兴趣，他们只是为了通过考试而背诵相关考试知识点。相比之下，专业课程的学生则类似于中学时代的"填鸭式"教育方式，他们的学习过程包括吸收大量历史细节，然后课上仅仅记忆这些内容。为了应对各种考试，他们甚至没有兴趣和时间去探索历史的趣味和规律。

历史是人类智慧的结晶，更是连接过去和未来的纽带。然而，很多大学生似乎将历史当作一门难以理解的学科，而非一门让人着迷的科目。在这样的情况下，历史教育的重要性就更加凸显了出来。

首先，大学教师在年轻人中享有很高的声望和影响力，他们可以成为学生们打开学习封闭之门的钥匙。不论是在课堂上还是在私下里，教师都可以为学生提供历史知识和见解，并鼓励他们进一步探索和思考。然而，如何引导学生则需要根据每个学生和教师的不同情况进行判断和调整。如何建立良好的师生关系，相信大学教师们都有自己的判断和理解。建立良好的师生关系可以帮助学生更好地学习历史知识，深入探索历史规律和趣味所在。

其次，历史的学习可以提高学生的个人素质和综合能力。通过研究历史事件和人物，学生们可以了解到上下同欲者胜的道理，更可以体会那些勇于创新和努力拼搏的人们的精神。同时，历史也是文化、经济、政治、科技等方面的综合体现，对于提升学生们的人文素养和综合能力也有很大的帮助。

最后，历史教育可以给学生们提供更加广阔的视野，培养学生勇于探索的思维方式。历史是一份宝贵的遗产，一个民族、一个国家的文化和思想都经历过不同的历史时期，而每个历史时期都具有其独特的价值和体验。在这样的背景下，学生们可以了解到不同历史时期的社会现象、文化传承和思想变革，从而更好地认识到自己所处时代的文化和价值。

总而言之，历史教育在大学生的成长和发展中起着非常重要的作用。学生们可以通过更好地运用大学教师的权威性讲解解决学习的困难，实现自我教育和发展。同时，历史教育也可以提高学生的个人素质和综合能力。因此，我们应该认识到历史教育的重要性，积极地投入到历史的学习中去，从而开启一段新的历史征程。

第九章 宋元明清

一、宋朝：公元 960—公元 1279

1. 宋朝的起源与兴衰

在中国历史上，宋朝是继五代十国之后的一个朝代，自建立后分为北宋和南宋两个阶段。公元 960 年，赵匡胤通过陈桥兵变夺得了帝位，建立了宋朝，将首都定在东京开封府。赵匡胤是一个极具政治才能的统治者，他实施了先南后北的策略，推行内政革新，注重经济和科技的发展。这些改革为社会的稳定和经济的繁荣奠定了坚实的基础。随着人口南移，先进的生产技术也随之传入，极大地促进了科技的进步。在宋朝，经商是被允许的，实业经济也成为推进国家富强的重要手段。宋朝对商业市场进行了合理的管制，不仅规定了交易地点，而且取消了经商时间的限制，这更加促进了社会和国家的繁荣。

然而，宋朝的衰败首先主要是统治者无能，太子、士大夫与皇帝共治天下的正统架构制约了皇权，加上皇帝沉溺于享乐，疏于政务。其次，大量增加的赋税加重了人民的负担，导致社会矛盾加剧，农民起义连年爆发，这不仅威胁社会稳定，也损害了国家实力。再者，宋朝缺乏有效的军队建设，重文轻武的思想已经深入人心，军人没有明确的奖惩制度，导致士气低落。最后，宋朝高度集中的统治导致了体制僵化的问题，缺乏灵活性，使得命令传达迟缓。

2. 朝代兴亡的虚与实

揭开古老的历史绸绢，再看"山外青山楼外楼，西湖歌舞几时休"的繁盛市井；听"八百里分麾下炙，五十弦翻塞外声，沙场秋点兵"的军营战鼓声。历史长河中人们穿越，纵观千古江山。琉璃玉盏，红砖金瓦，洁白雕栏。这个时代的生活不断加速，像一条溪流和小河，最终汇聚成江海，拥有厚积薄发的能力。发展之于个人、社会、国家、世界而言，都是大势所趋，但是当篡改历史事实，任意改写成语等行为出现时，可能会产生负面影响，尤其是对于学生个人发展而言。

学生是祖国的未来，是新时代的青少年，他们的思想尚未成熟，容易被周围不良思想和信息所影响。面对被篡改的历史、被改写的成语等现象，会影响他们形成正确的历史认知。因此，针对错误的历史知识，我们需要用辩证的眼光去发现并纠正它们。

我曾经看过这样一段视频，讲述大宋的风采：大宋经济、文化发展居于巅峰，其中有青绿之衣、窈窕之姿的《只此青绿》，有热闹非凡、通宵达旦的《清明上河图》。都以宋朝为背景，主讲开国皇帝赵匡胤一生的故事，并介绍了宋朝几位皇帝的功绩。

公元 976 年，赵光义（本名：赵炅）继位，他加强中央集权，对中央和地方行政制度进行调整和改革，设置审官院、考课院、审刑院等机构，加强枢密院权力，调整区划，完善科举制度等。

公元 1022 年，赵祯继位。在政治上，赵祯面对日益严重的地域兼并问题和冗官、冗兵、冗费问题，起用了范仲淹等人实施"庆历新政"，发布减斗斗、废县并郡的诏令。在学术上，赵祯也擅长书法，史称他"天纵多能，尤精书学"，并精通音律。

公元 1194 年，赵扩即位。在政治上，赵扩重视台谏，也重视外交，曾颁布了《统天历》《庆元条法事类》等外交法令。在文化上，赵扩在位期间，由于官方的支持和鼓励，书法画得到空前的发展，涌现出一批批著名书法家。

宋朝开国皇帝赵匡胤及其个人经历和政绩一直是历史学者和公众所津津乐道的话题。赵匡胤是五代时期至宋初的一位杰出的军事家和政治家，他的父亲赵弘殷对其影响极大，赵匡胤也在书馆里学习过一段时间。在他的受教育过程中，赵匡胤表现出了对文化知识和武术的浓厚兴趣，这些爱好让他成为一位卓越的将领进而成为一国之君。

赵匡胤在建立北宋之后，数次亲征平定了许多反叛的地区，如昭义、颍南等，大大巩固了北宋的政治势力①。

在赵匡胤的领导下，中央集权得到了进一步加强和管理。与唐代制度基本相同，宋朝设有尚书、门下、中书三省，实现了军政、民政和财政的分权分立，进一步削弱了宰相的权力。此外，赵匡胤还废除了宰相"坐而论道"的制度，导致宰相的职权进一步减弱。当赵匡胤提议设立尚书、门下和中书三省时，朝廷中的官员们内心非常高兴，但却不敢表露出来。

---

①赵匡胤（宋朝开国皇帝）_百度百科.https://baike.baidu.com/link?url=_ZgwwLTIGS9ZNsvyROh6U3eLoK3Lsssddgk2AvwgcAhKOpL1RFLXsOTf7ZoUkV5QxOQLURWpJtdTmzkoJIvZFBkPF1t69K5B1CWM88LhvhoN4ikx235jXDMtLbyCfpm4.

在朝堂上，一些宰相提出了一些反对意见：设立尚书、门下和中书三省会分散皇权，不利于国家稳定。此外，权力过大的官员也会对朝廷造成威胁。赵匡胤深知这种提议不易通过，于是暂时退出朝堂，让朝臣们提交关于这个提议的意见和看法。在一封封奏章中，很多朝臣们给予了积极的支持。最后，在赵匡胤再次回到朝堂时，直接下令设立这三省。

赵匡胤集中了军权和财政大权，对于财政问题，各地设有专职的转运使负责处理。在司法方面，赵匡胤在位时，刑部复核各地大辟罪案。

在赵匡胤的时代，整个国家处于大乱之中，百姓生活在苦难之中。与此同时，赵匡胤的父亲非常勇猛，擅长骑马射箭。后唐庄宗非常欣赏他的英勇，任命他掌管禁军。由此可见，赵匡胤也是一个喜欢练习武艺的人。建立宋朝后，他重视文化，因为他深刻理解文化的重要性。

赵匡胤是宋朝的开国皇帝，他非常重视选拔人才，因此完善了科举制度。不仅如此，赵匡胤还非常注重农业生产在经济发展中的重要地位。建隆二年，赵匡胤在游历期间，曾提议要去劳动耕作，以便深入体验百姓的生活。

梅尧臣的名言"月缺不改光，剑折不改刚"旨在表达一个信念，即便是经历了很多篡改，正确的历史始终会如实呈现。虽然谈到了赵匡胤的历史事迹，但其中有一些部分是被虚构的。例如，赵匡胤青年时期偷马还债的事情是杜撰。

宋朝是由赵匡胤开创的，他推行了一系列革新，其中包括设置尚书、门下、中书三省。这一制度并非赵匡胤个人的想法，而是适应社会发展、符合社会状况的产物。尽管赵匡胤崇尚文治，但他并没有把重点放在文化方面，而是文武并重。许多后人认为宋朝重文轻武是由于赵匡胤的影响，这是片面的。赵匡胤多次微服出巡，但并没有发生过和农民比耕作的竞赛。

总的来说，正确的历史应该被传承下去，但错误的历史也时常会被广泛宣传。在面对错误历史时，我们不应该盲目地反对它，而应该认清它的错误，清楚历史的真面目。正如张孝祥所说："立志要坚定不移，而不是盲目追求成功；成功的秘诀在于持之以恒，而不是急功近利。"父亲宣永光也曾说过，要坚定立志，以水的方式行道。对于年轻人而言，当错误的历史出现时，我们需要认识到它是错误的存在，并知晓正确历史的真实面貌。

二、元朝：公元 1271—公元 1368

1. 元朝的起源与兴衰

作为中国历史上由民族自然形成的最早朝代，元朝自公元 1206 年成吉思汗联合漠北多个部族建立大蒙古族国以来，历经波折，最终在公元 1271 年由忽必烈实现一统。元朝的武力非常强大，其拥有世界最强的战马群和先进的步兵战法，且领土版图最大。随着国家版图的扩大，元朝注重农村发展，并将农业作为推动国家发展的重要手段。这样的举措在稳定和发展国家经济和技术方面都起到了一定的积极作用。

然而，元朝衰败的主要原因是多方面的。一方面，元朝的内部权力争斗不断，并且皇权更替频繁，皇室政治异常动荡，这导致国家时局非常不稳定。另一方面，元朝不断发动战争，扩张版图，社会动乱。此外，元朝主要以蒙古人为主，对汉人等其他民族存在歧视，这种民族偏见不断加剧导致民族矛盾激化，直到元朝灭亡。为了解决这些问题，元朝政府需要更加理智、稳定的管理和治理，以维

持国家的和平和稳定，促进经济和技术的繁荣发展

2. 朝代兴亡的虚与实

元朝是中国历史上版图拓展最广的时期，从部落各族到朝代各国，元朝从蒙古一个个小小的部落连聚成幅员辽阔的国家。国家疆域不断扩张，朝廷权力不断加强，在数十年后却迅速走向衰落。究其原因，得观其历史。电视剧《建元风云》，主讲建立元朝的故事，以蒙古族为背景，忽必烈的建朝为主线故事。

成吉思汗的西征志在必得，忽必烈和鬼由在随军出征的军队里历尽残酷战斗，进攻西夏的蒙古大军遭到顽强的抵抗。几经战斗，蒙古大军逐渐失去了优势，在危难时刻，忽必烈提出了火烧敌军粮草破中兴城的策略，成吉思汗采纳了他的意见。在这里，忽必烈的军事才能第一次得以体现。火烧之计胜利之后，窝阔台集众将商讨攻金之策，但拖雷却认为时机不成熟，窝阔台坚持要按自己的计谋攻金，忽必烈则认为应当首先与宋议和，在这里，忽必烈展现了自己的政治天赋。有一次，拨都询问忽必烈关于自己是否可自称可汗的看法，忽必烈表示赞成。

蒙哥在人们的推举下夺取了大汉之位，并择日登基。在登基大典上，蒙哥与众多将官开怀畅饮，忽必烈却不能

喝太多，他便起身出帐，却发现有人起兵意图谋害蒙哥等人，于是整个大营都进入混战，最后忽必烈带领众人抗击了来犯之敌。这里忽必烈展现出了他的成熟稳重。在日后的一系列事件中，蒙哥明白忽必烈是大蒙古国的骄傲。但与此同时，蒙哥开始削弱忽必烈的权力，在蒙哥心中，已经将忽必烈视为眼中钉。

忽必烈也开始远离蒙哥，蒙哥在各部落首领中受到了排斥。在一次征讨战争中，忽必烈弃蒙哥于不顾，蒙哥在征讨中受伤。公元1260年，忽必烈与弟弟阿里不哥争汗位，忽必烈夺得了大汗之位。

公元1271年，正式建立了元朝，并定都大都。在稳定了国内形势之后，忽必烈又继续对南宋发动了攻势，于公元1276年初攻陷南宋的首都临安城。此时，除了南宋，西夏等国已全部被纳入元代的版图。

元朝的统治者制定了严格的等级制度，而汉人的地位相对较低。此外，在元朝时期重武轻文，蒙古族又是以牧业为主的少数民族，因此缺乏文学和文化方面的底蕴。

然而，元代并没有彻底割裂中华文化。事实上，元代在文化方面实行了较为包容和多元化的政策，尊重国内不同族群的文化和信仰，并引导不同族群在文化上进行交流和融合。在文化方面，元代的成就主要体现在戏曲和绘画两个方面。

在戏曲方面，元代出现了著名的元曲。其中，孤独愁苦的"枯藤老树昏鸦，小桥流水人家，古道西风瘦马"；羁旅思乡的"一声梧叶一声秋，点点芭蕉点点愁，三更归梦三更后"；静谧神爽的"云收雨过波添，楼高水冷瓜甜，绿树阴垂画檐"等，都是优秀的代表作。

在绘画方面，元代的画家以山水和枯树为主题，直接呈现社会民生的人物画相对较少。元代初期，以赵孟頫等人的山水画为代表，其中赵孟頫的代表作为《幼舆丘壑图》。

3. 学习宋元两朝历史受到的启发

宋元两朝历史对现代的经济和政治发展有着多方面的参考和借鉴，比如：

首先，必须防止机构臃肿的现象，例如一个职位多人担任。在生活中也同样如此，分工合作，齐心协力，不仅可以提高效率，还可以增强个人和整体的能力。

其次，必须拥有先进的生产技术和设备。技术是推动发展的关键，先进的设备，可以提高生产效率，提高产品质量，鼓励创新，同时减少生产时间。

最后，必须拥有一个稳定的社会环境。没有稳定的社会环境，经济和社会事业的发展都会受到严重的影响，导致社会动荡，人民生活困难。

民族平等是民族团结的基础，也是推动世界文化发展的基础。平等互助，防止内部的钩心斗角，对待人、对待事、对待物都必须持平常心。

作为青年，我们必须勇于攻坚克难。回忆过去，黄沙漫漫，缺乏生机；看今天，绿树成荫，水清鱼跃。这得益于年轻人的敢为人先，敢于迎难而上，不畏风雨，不畏艰难险阻。

作为新时代的年轻人，我们必须怀有热血，敢于尝试新事物，要"且将新火试新茶，诗酒趁年华"。青年必须张开双翅，勇于艰苦奋斗，要坚信美好的未来值得我们去努力奋斗。

巴金曾经说过："夜是漆黑一片，在我的脚下仿佛横着沉睡的海水，但是渐渐地像浪花似的浮起来灰黑白地马路。"面对漫长的前路，我们必须带着历史赋予我们的力量继续前进。

三、明朝：公元 1368—公元 1644

1. 明朝的起源与兴衰

明朝是中国历史上最后一个由汉族人建立的王朝，由明高祖朱元璋建立。朱元璋在元末民不聊生、百姓受到压迫的时期，加入红巾起义，逐渐接管了郭子兴的势力，最终推翻了元朝，建立了大明王朝。明朝历时 276 年，共有16 位皇帝。明朝的兴盛时期主要分为洪武之治（朱元璋）、永乐盛世（朱棣）、仁宣之治（明仁宗、明宣宗）三个阶段。

洪武之治是明朝的第一个兴盛期。朱元璋即位后减轻了百姓的徭役赋税，整顿了吏治，严惩了贪官污吏，使明朝的社会经济得到快速发展，并进入兴盛期。

永乐盛世是明朝的第二个兴盛期。朱棣在位时，收复了安南，攻打了北元残余势力和鞑靼、瓦剌部落，大力扩张了明朝治理版图，提升了明朝的综合实力，史称永乐盛世。

仁宣之治是明朝的第三个兴盛期。仁宗时期更注重百姓休养生息，并在洪武之治和永乐盛世打下的基础上，使得明朝的国力保持平稳上升状态。到了宣宗在位时期，实行仁德治国，并派遣郑和、王景等人下西洋，使明朝的国力达到了极盛。

但是，盛极必衰。在仁宣之治后，明朝综合国力开始走下坡路。特别是在公元 1449 年，明英宗时期，瓦刺带领大军压境，宦官王振却怂恿英宗迎战，最终英宗亲自挂帅出征。明英宗在土木堡时被瓦刺军队袭击，导致明朝发展受到重创，开始由盛转衰，走下坡路；并慢慢走向灭亡。

公元 1644 年，李自成率领强大的军队攻入当时的首都北京，迫使明朝的最后一位皇帝崇祯帝走上了自杀之路。接着，清朝的军队率领吴三桂大举南下，最终攻破了明朝的边境，明朝彻底宣告灭亡。

2. 朝代兴亡的虚与实

尽管明朝已经消失在历史长河中，但是其中的历史故事却仍然非常有意思。在这里，我们选取其中两个小故事展开探讨。

◎ 2.1 讨论：大脚马皇后

朱元璋即位后，他的原配妻子马秀英被册封为皇后。历史上，马秀英被誉为"大脚马皇后"，她是难得的一位贤德皇后，同时亦是贤明的杰出女政治家 [1]。

关于"大脚马皇后"的故事，其起源可以追溯到马秀英的童年。公元 1332 年，马秀英出生于一个贫苦的家庭。不幸的是，在她还很小的时候，母亲便去世了。马秀英十二岁时，父亲因杀人而逃亡，将她托付给了好友郭子兴，马秀英被郭子兴收为义女。

然而，马秀英在郭家并没有得到重视。公元 1352 年，朝廷实行赋税制度，郭子兴负责征收地方税收，但因为朝廷对地方的过度剥削，引起了百姓的不满和怨恨，于是郭子兴也被卷入百姓起义的浪潮之中。

正好此时，朱元璋为了混口饭吃，投靠了郭子兴，并跟随他起义反抗元朝。朱元璋身材高大，勇猛善战，深得郭子兴器重。同时，由于朱元璋孤身一人，如果能够娶到郭子兴的义女为妻，算是高攀了郭家，因此郭子兴将马秀英许配给朱元璋。

马秀英拥有一双大脚，这是因为她母亲早逝，幼年父亲将她托付给郭子兴的时候错过了缠足的时期。在元末明初的时代，缠足已经成了女性美的标志，留下一双大脚会受到旁人的嫌弃和非议。

然而，朱元璋并没有因此嫌弃马秀英，两人在微末之

---

[1] 独钓史海."拥有天下的朱元璋，为何独独宠爱皇后'马大脚'".

时相互扶持，相濡以沫。直至朱元璋登基称帝，建立了明朝，他对马皇后依旧十分敬重。

但在马秀英即将要被封为皇后的时候，却出现了一个小插曲。为了赶制皇后相应的礼服，尚衣监的官员们在为马皇后量身定制礼服的时候，发现她的礼鞋根本不合脚。由于平时马秀英在生活中格外注意不暴露自己的大脚，因此尚衣监并没有意识到马皇后竟然有一双大脚。无可奈何之下，尚衣监的官员只能临时找来鞋匠，给马皇后定制鞋子。经过鞋匠加班加点的赶工，终于在封后大典前夕赶制出了一双合脚的凤头鞋，才没有耽误了封后大典的举行。

马皇后想要多定制几双合脚的鞋子，却发现那位值得信任的鞋匠已经离奇失踪了。经过一番调查，她发现是尚衣监的官员们为了保护她的隐私而将鞋匠抓起来准备灭口。马皇后得知后十分愤怒，当知道是朱元璋下的命令后，便直接对其进行了劝解。她客观地指出鞋匠只是辛苦地为她赶制鞋子，并没有犯任何错误，为了保护她的隐私就要杀人灭口是不应该的。她的大脚已经成为事实，她不在意别人知道她拥有大脚的事实；反而这双大脚让她拥有了因为追随朱元璋而可以走遍天下的力量，甚至得以在朱元璋打天下的时候去帮助他，去拯救他。以前她从未关注过自己的大脚，但难道朱元璋因为她的大脚而嫌弃她，想要废黜她吗？这番话令朱元璋无言以对，只好释放了鞋匠。从此，"大脚马皇后"这个称号便广为传扬。

另外还有一则小故事，说的仍旧是马皇后的大脚。据说有一次，马皇后乘轿来到金陵街头游览，突然迎面刮来一阵大风，轿帘被吹起一角，马皇后那双搁在踏板上的大脚就露了出来。因为马皇后姓马，所以"露马脚"一词流传至今。

这两个小故事都提到了马皇后的大脚，但并非对她的嘲笑，而是对她聪明才智和善于扶持的品质的赞美。正是因为有像马秀英这样贤良内助的帮忙，朱元璋才能平稳地统治天下。这两个故事一直流传至今，不仅仅是讲述马秀英的身世和成为皇后的经历，更重要的是展现了人心相通、相互扶持的美好品质。

◎ 2.2 讨论：朱棣身世之谜

明朝历代皇帝中，朱棣可谓一位传奇帝王，除了朱元璋，他是明朝历史上最具影响力的帝王。朱棣是朱元璋的第四个儿子，虽然他的登基之路并不光彩，但是他所表现出来的政治和军事才能都极为卓越，上位后他征服了漠北、下西洋、收复了安南，并且修编了《永乐大典》，这些成就足以令他傲立于帝王之林，名垂青史。

　　然而，尽管朱棣的成就受到人们的一致赞誉，但他的生前和身后却充满了争议。人们对于他的评价存在分歧，一部分人津津乐道于他在位期间所做出的大量贡献，而另一部分人则谴责他为暴君，指责他诛杀方孝孺的十族、抢夺侄子的位置等。作为一位备受争议的帝王，朱棣在大明王朝的历史上扮演着一个举足轻重的角色，其中他的身世之谜更是成了人们津津乐道和探究的话题。

　　在明朝的正史《明史》和《明实录》上，都记载了马皇后马秀英一生共有五个儿子，分别是嫡长子懿文太子朱标、嫡次子秦愍王朱樉、嫡三子晋恭王朱棡、嫡四子明成祖朱棣以及嫡五子周定王朱橚。然而，在明朝后期直至当下，对于朱棣身世的争论却永远未停止过。

　　朱棣的身世之谜最早可以追溯到一部名为《南京太常寺志》的书。这部书是专门记载南京太常寺本衙门工作及历史的方志。虽然真实的《南京太常寺志》已经散失，关于其书籍内所记载的内容真伪，已无法考究。但是这本书中对朱棣非嫡子的记载，在明朝末期乃至清朝都有引用的文本。

　　例如明末史学家谈迁在其《枣林杂俎·义集·彤管》中提到："硕妃生成祖文皇帝，独西列。见《南京太常寺志》。"

在涉及明朝时期朱棣的身世问题时，历史上存在着争议。而崇祯时期的李清在其《三垣笔记》中记载，他曾经约好友钱谦益前往孝陵现场查证，深入探究了朱棣的身世问题。据其所述，根据陵殿内的摆放位次看，与《南京太常寺志》所记是一致的。而根据相关官方方志记载以及实物证实，似乎朱棣为碩妃所出，是庶子而非嫡子。

这一点得到了《南京太常寺志》《枣林杂俎·义集·彤管》和《三垣笔记》等文献材料的支持和印证，越来越多的人开始相信朱棣非嫡出而是庶出的说法。而到了民国时期，傅斯年、吴晗、李晋华等人的考据更加加强了庶出的论证。但是究竟哪种说法才是事实呢？我们需要对以上资料进行详细分析，从而得出相对客观的结论。

首先，关于《南京太常寺志》的可信度，我们需要弄清楚其两个版本的来历。一版是嘉靖年间汪宗元编纂，而另一版则是由明天启三年沈若霖所编纂的40卷版。据传闻，关于朱棣非嫡子的说法所引用的《南京太常寺志》就是沈若林编纂的版本。不幸的是沈若林版本早已丢失，因此，其真实性有待考究。

另外，有传言称朱棣的生母碩妃是朝鲜人，但无论任何明朝官方史料还是朝鲜方面，都没有任何关于她的记载，这显然很不寻常。另外还有人说，朱棣为了将自己塑造成嫡子，千方百计地篡改、销毁史料，因而使得所有与硕妃相关的材料都被清除一空。但同时他又在孝陵享殿中给予硕妃特殊的地位，搭建了一座"仁寿门"，并把硕妃的神主对置于朱棣的神前。这两者之间的矛盾很明显，从而引发了争议。

此外，朝鲜作为明朝的附属国，把向中央王朝进贡女子视为荣耀，但凡进贡的女子能生出朱棣这等英明神武的帝王，其必然会在本国史书上进行记录。比如元顺帝的皇后奇氏，为朱元璋生下含山公主的高丽韩妃，永乐朝的权妃、任顺妃等，以上这些妃子皆能在朝鲜史籍中找到其详细记录。然而硕妃这个人在朝鲜史料中却了无踪迹，这也就不符合常理。

《明太祖实录》中记载，"癸酉年间，皇第四子生，即今上皇帝，母亲为孝慈皇后。"这表明朱棣是孝慈皇后所生，也就是朱元璋合法的继承人，具有嫡子身份。然而，这样的记载也存在一些质疑和争议。

在《明史·恭闵帝本纪》中，朱允炆曾对三军表示，"朕以棣于亲最近"。当时，正史中朱元璋嫡出的诸子中，秦王朱樉、晋王朱棡已逝世，周王被贬为庶人，而朱棣是唯一在世并在位的子嗣。因此，朱允炆当时亲口表明自己与朱棣最为亲近，明显是承认了朱棣与其父懿文太子朱标为同胞兄弟，也即是高后马氏所生的嫡子。

综上所述，虽然关于朱棣身世问题历经岁月的风雨，至今仍然存在争议，但我们可以通过对历史文献的深入研究，结合考古学和学术界的专业知识，努力探究历史的真相，以期对朱棣的身世问题有更加明确的认识。

无论朱棣是嫡出还是庶出子嗣，都无法削弱他作为明太祖后人的伟大和卓越功绩，因此，我们应该尊重历史、珍视历史，对历史的研究应该注重事实真相，深入探究其背后的意义和价值。

关于大脚马皇后和明成祖朱棣身世之谜的故事，如今存在着争议。正史并未详细记载马皇后是否具有大脚，这促使我们进一步探究这两个小故事的真相程度，并深度了解当时历史时期的背景和情境，以期更好地了解马皇后和明成祖朱棣的品德和事迹。

从这两个故事中，我们可以发现，没有人是完美的，无论是马皇后的体形特征还是朱棣的身世之谜，都无法掩盖两人身上的光辉点。马皇后的大脚并不是她的缺陷，相反，她具备一代贤后的风范和贤良淑德。而明成祖朱棣，不论是嫡出还是庶出，他仍然是明朝仅次于太祖朱元璋的伟大帝王。

对于这些有争议的历史事件，我们应当深入思考和探讨，以便更好地了解历史的真相和背景。同时，我们也能从中吸取许多有益的经验和教训，以指导我们日后的行为和决策。

3. 学习明朝历史受到的启发

从朱元璋到朱由检，明朝的历史跨度长达 276 年。回顾明朝的历史，可以简洁明了地梳理出以下的知识点和重要事件。

历史背景：在元朝末期，大量红巾军起义，反对元朝统治。随后，朱元璋在争夺天下的过程中，与陈友谅进行了著名的鄱阳湖大战，这是明朝初期的重要历史事件。

朱元璋与陈友谅的竞争时期，陈友谅的军事实力远超朱元璋，特别是在水军方面。但是，在鄱阳湖大战后，形势发生了转变。陈友谅率领六十万大军，却在水军实力完全碾压朱元璋的情况下，战败于朱元璋的四十万大军。鄱阳湖之战为朱元璋统一江南和建立明朝奠定了基础，是一场值得关注的重要历史事件。

明朝建立后，朱元璋时期又发生了南北榜科举舞弊案，这是一场重大科举舞弊事件。在南方和北方文化差异极大的情况下，由于南方的经济和文化发达，北方学子难以与南方学子匹敌，科举录取上榜者均为南方人。为了确保南北士人的录取均衡，明朝经过南北榜案，开始分南北卷取士，这是一项重大的科举制度改革。同时，朱元璋时期还发生了空印案、胡惟庸案、蓝玉案等多起较为著名的历史事件。

朱棣时期的重大历史事件是靖难之变。靖难之变是永乐帝朱棣和建文帝朱允炆之间争夺帝位的战争。朱元璋去世后，皇位传给了皇太孙朱允炆，也就是建文帝。为了自保，建文帝采取了削藩措施，以防藩王威胁其皇位。为了维护自己的利益，朱棣打着"靖难"之名起兵反抗，历经四年最终成功登上皇位，建文帝下落不明。靖难之变是明朝历史中的重要事件之一。

在明朝历史上，土木堡之变被视为一个重大的历史事件。在这场战役之前，瓦剌部落多次侵扰明朝边境。公元1449年，由于明朝和瓦剌之间的边境贸易矛盾不断升级，瓦剌率领军队对明朝全面宣战。为了成为像朱棣一样拥有军功的伟大皇帝，当时的明英宗亲自率领大军前往土木堡与瓦剌军短兵相接。这场战争最终以明朝的惨败告终，明朝损失惨重，五十万大军覆灭，明英宗也被瓦剌俘虏，这一事件被称为"土木堡之变"。此次战争也是明朝由盛转衰的重要转折点之一。

明朝崇祯时期，发生了明末起义和清兵入侵等重大历史事件。明朝末期，社会腐败，政党斗争日益激化，全国各地爆发了大规模的起义。公元 1644 年，李自成率领起义军攻入北京，末代皇帝崇祯在再无出路的情况下选择自杀。不久之后，清朝的满洲军队在明朝将领吴三桂的带领下，大举进攻山海关，迅速打败李自成，占领北京。明朝终结。

以上这些历史事件，展现了明朝从建国初期走向灭亡的过程中一系列重要节点。对它们进行梳理，有助于理解明朝的兴衰和历史变迁。

此外，了解明朝的发展还需要从当时的全球社会背景出发。明初时期，正值十四世纪中后期，当时欧洲刚刚经历了一场大规模的黑死病，正处于文艺复兴的前期。文艺复兴被认为是欧洲强盛发展的起源，而这一复兴时间段正处于十四世纪至十六世纪之间。并且，明朝的历史时期跟随着文艺复兴的时间线，从公元 1360 年至公元 1644 年，持续了近 276 年，正处于十四世纪六十年代至十七世纪四十年代。这个时期，欧洲各国正逐渐从封建奴隶社会转变为资本主义社会。一些较早的大学已经建立，例如博洛尼亚大学、牛津大学、巴黎大学、布拉格大学、波兰雅盖隆大学和维也纳大学等。

从 15 世纪到 17 世纪，也就是明朝由盛转衰之后，世界进入了大航海时代。这个时期，欧洲发起了跨洋活动，促进了世界各洲之间的沟通和交流，殖民主义和自由贸易主义开始兴起。而明朝中后期，当华夏大地正在经历战乱时，世界的大变局已经悄然开始。然而，明朝却没有察觉到这种变化和危机感，依旧沉浸在天朝上国的幻想之中。这也为以后的全面落后埋下了伏笔。

对学生而言，明朝的历史是一个相对有趣且易于学习的内容。其中，《明朝的那些事儿》这本广为流传的书籍，以其轻松诙谐的文字概括了明朝两百多年的历史，是一本独具特色的历史书籍。

为了激发学生对明朝历史的兴趣，我们可以以该书为基础，采用概括性的方式来讲授明朝的历史故事。通过《明朝的那些事儿》这本书，我们可以发现历史并不是枯燥无味的，相反，正史中记载的史实资料也能够通过幽默轻松的文字来呈现，以期引导学生对历史学科产生兴趣。

四、清朝：公元 1636—公元 1912

1. 清朝的起源与兴衰

清朝是中国历史上最后一个实行君主专制的封建王朝，起源于后金，即爱新觉罗·努尔哈赤所建立的统一的女真。公元 1636 年，皇太极应汉、满、蒙三个民族的共呈劝进书，称帝并改国号为大清，标志着清朝的正式建立。

清朝的兴起与其治理能力有关。清朝统治者善于应对国内出现的各种问题，能够及时解决，使得社会相对稳定。此外，清朝的民族制衡也对维护社会和谐很有帮助。分摊税收制度的实施，有利于政府平均分摊各民族负担，促进整个国家的统一和繁荣。同时，人口增长的速度加快，劳动力的增加有利于生产力的提升，同时也拉动了消费，促进了经济的发展。

清朝衰败的主要原因是其历代皇帝为了加强中央集权，实行了一系列严酷的政策。军机处、文字狱和文化专制政策以及闭关锁国政策等纷纷出台，最终导致了社会矛盾不断加剧，造成中国逐渐落后于西方。

清朝灭亡的主要原因在于思想意识的滞后，妨碍了新观念的传播。清朝对于旧文化实行了极为严格的掌控，对于新观念却抱有抵触态度。少数民族入主中原后，由于思想上的固化，对于文化的传播显得漠不关心。在文字狱的掀起下，人们的思想意识彻底被禁锢。

其次，实施闭关锁国政策，也是导致清朝衰亡的一个重要原因。为了消除反清政治力量的存在，清朝政府采取了极其严格的海禁措施，严禁外国船舶通行，完全断绝与外界的联系，这严重妨碍了中外通商和中西文化交流，抑制了科技进步，阻碍了中国的发展趋势。

最后，清朝政治的腐败也是导致其灭亡的原因之一。从乾隆晚期开始，清政府滥用贪官污吏，腐败成风，奢侈浪费，间接导致了清朝的衰亡。

2. 朝代兴亡的虚与实

清朝的兴起、兴盛、衰败和灭亡，其中发生了许多骇人听闻的历史事件。这些历史事件在现实生活中传播范围比较广，人们通常使用各种书籍、多媒体和短视频平台等渠道进行广泛传播和解析。这种宣传方式对于历史的传承和弘扬具有非常重要的意义和价值。但是，朝代兴亡的虚实难辨，由于每个人的认知差异及对历史的思辨能力高低不等，可能导致历史解析存在误判或片面，从而可能会对人们的思想和价值观产生消极影响。

最近，在某短视频平台上看到了一条关于清朝历史的视频，这个视频整体内容阐述完整，分析透彻，但是当涉及清朝衰败的原因时，却有一点失真，与历史不太相符。只片面解析了清朝的闭关锁国政策，过于夸大了其危害。视频中提到，晚清时期，西方资本主义国家快速发展，并且已经脱离了农业时代，进入了先进的工业时代，大幅提升了生产力水平。而此时的清朝却采取了闭关锁国政策，这在 1757 年时达到了顶峰，清朝关闭了所有的口岸，不再与外界进行贸易往来，仅有广东十三行垄断市场，这导致消息闭塞、阻碍经济发展，甚至加速了清朝的衰败。

由于这些不真实的历史宣传，随着时间的沉淀，一定程度上也潜移默化地影响了人们的思想。在传统观念中，大部分人认为清朝之所以国力大减，引来西方列强的侵略，其中一个非常重要的原因就是实行了完全的"闭关锁国"政策。因此，人们对该项政策充满了敌意，不断进行抨击。

然而，事实上，帝王自认为地大物博，物产丰富，国人能够自给自足，根本无须与他国进行贸易往来，这是关闭所有口岸的原因。同时，即使西方国家拥有更先进的知识理论和技术，清朝也是无动于衷，愚昧自大，杜绝与外界来往，错失了接受先进工业文明的机会，远远落后于世界潮流。正所谓"不思进取、必将倒退"，随着工业化的不断发展，西方列强的实力逐渐增强，军队装备武器日益精进。而清朝则停滞不前、衰败、腐朽不堪。

另一方面，清朝实行"闭关锁国"政策，限制了各国之间的贸易往来，不仅阻碍了国内经济的发展，而且损害了西方各国的经济利益。于是，英国率先发动了第一次鸦片战争，试图以其他方式获利。然而，清朝难以抵挡，无奈地被迫割让土地和签订不平等条约。一些人甚至将清朝视为落后于西方的祸根，并将近代落后于西方的原因归结为清朝的一项政策，痛恨其懦弱和腐朽，并指责其签订了无数丧权辱国的不平等条约，但对康乾盛世的局面和自救运动却鲜有赞扬。

事实上，清朝期间的对外贸易并不像当时的官方纪录所描述的那样完全封闭。对外贸易实际上是比较活跃的，其程度远超过明朝，并且对外开放的口岸也较多。虽然在初期，受到郑氏海上势力的威胁，清朝仍延续了明朝"禁海"政策，并先后下达了 5 次禁海令和 3 次迁海令。但是，随着全国的统一和郑氏势力的衰落，海禁政策逐渐松弛。特别是 1684 年，统一台湾后，康熙帝便废除了全国的禁海政策，允许世界各国前来经商，并且设置了著名的四大海关和几十个海关口岸，进一步推动了国际贸易的发展，形成了"西洋来市，东来往市，南洋互市"的局面。就连日本与清朝之间的贸易往来也日益频繁，特别是长崎，交通十分便利。在乾隆年间，该地船只数量增加到了 1100 艘，出口的商品以纺织品、纸张、书籍等为主。为了更好地进行两国之间的贸易往来，长崎专门修建了唐人坊供中国商人居住。

18 世纪，随着清朝统一了东亚大陆，对外贸易国家数量逐渐增加，再次连接传统丝绸之路，进一步推动陆地贸易的发展，加强了与周边各国的联系。当时，许多国家如俄罗斯、缅甸、哈萨克、越南等都设置了口岸，方便来往的船只进出，促使国内外市场相互结合。当乾隆帝推出"一口通商"政策后，一些国家开始不安起来。例如，英国人要求舟山岛给他们免费提供存放货物的场所，但这个要求遭到了乾隆的拒绝，自此英国人就显露出极度的不满。最终，英国东印度公司借助各种理由发动了"鸦片战争"，严重打击了中国的对外贸易往来，给中国人民带来了深重的灾难，对清朝的政治、经济、文化等方面的发展造成了一定的阻碍。尽管如此，清朝并未完全实行闭关锁国政策，仍然保留了与外界贸易的口岸。相比于明朝，清朝在对外贸易方面是更加开放的，但仍然有严格限制，这也与当时的国情有关。

清朝的闭关锁国政策确实存在一些失真的部分，而清朝的衰败原因也不应该全都归咎于这一政策。如果能够全面客观地解析这段历史，或许偏见将化为理解。这是因为在当时的国内外环境中，清朝并没有主动采取与外界断绝往来、禁止与洋人通商的立场。贸易的产生离不开供需关系，若没有需求，只有供给，那也是徒劳，商品根本没有销量，何来贸易往来呢？

另外，贸易的规模不是能随意扩大的，这与各国的政治、经济、文化等状况息息相关。例如，英国发明的瓦特蒸汽机在英国推广也非常困难，人们对其认知也相对肤浅。更何况对于劳动力廉价、思想较为保守的中国而言，瓦特蒸汽机的需求量并不大。长期以来，两国之间的贸易往来自然不多。此外，由于清朝是一个封建社会，阶级分化严重，不同阶层的人有着不同的需求，西洋商品的价格普遍较高，普通百姓并没有购买这些商品的动力，因此自给自足就已经足够了。这在一定程度上也限制了外贸的成交量。

在历史的长河里，西方国家在与中国的贸易往来中，一直怀有私心。他们希望自己的商品更多地流入中国市场，而不是被中国商品占领西方市场。这是因为，如果中国商品大量涌入西方市场，会导致西方货币大量流失，给西方国家带来经济压力。因此，他们采取了各种措施，限制中国商品的销售。然而，由于西方并没有太多适合中国市场的商品，其利益受到了极大的影响。于是，他们开始寻求其他方式，如"鸦片走私"来获取利益。他们利用毒品残害中国人民，麻痹国人的思想，搜刮大量钱财，导致国人病入膏肓。面对这一局面，清朝皇帝不得不采取闭关锁国等政策，限制中西贸易，可谓"自主限关"。然而，仍有部分口岸可以进行正常贸易往来。

作为一位研究历史的学者，我们必须秉持实事求是的态度，尊重历史的真实性，而不随意进行主观猜测或歪曲事实。更为关键的是，我们不能被过度崇拜和错误的历史认知所误导。历史不仅是过去的故事，它也是现在的一面镜子，为我们提供着智慧和指引。因此，我们需要以开放的心态去学习历史，并从中汲取智慧，以此来引导我们前进。

3. 学习这段历史受到的启发

这段文本涵盖了政治、经济、社会和文化等多个领域的知识，构建了一个相对完整的知识框架。清朝时期，领土从分裂到最终实现全国统一，主要得益于顺治帝于1644年实现了对全国的统治，标志着清朝政权的确立。此后，郑成功收复台湾，设立了台湾府，东南地区册封了达赖和班禅，设立了驻藏大臣，西北地区则平定了噶尔丹、大小和卓叛乱，东北地区则签订了《尼布楚条约》，进一步稳定了边疆局势，巩固了清朝的统治。

清朝前期的经济和社会得到了快速的发展，历代皇帝都极为重视农业的发展。雍正十一年，开启了规模最大的一次屯田，建立了粮仓，土地数量大幅增加，促进了经济飞跃和人口增长。同时，景德镇依然是全国最大的制瓷中

244

心，清朝的手工制品深受许多国家的青睐。清朝前期商业也相对繁荣昌盛，修建了大量城市建筑，形成了工商业市镇。

此外，清朝前期的文学艺术也是精彩纷呈的。既有以反封建传统、突出现实问题为主的古典小说，代表作品有《红楼梦》《儒林外史》等；又有成熟的昆曲和京剧，成为人民重要的文化娱乐活动，代表作品有《牡丹亭》等。此外，医药学和科学也得到了发展，李时珍毕生精力写出了著名的《本草纲目》，被西方国家称为"东方医学巨典"，而宋应星编写的《天工开物》也被誉为"中国17世纪的工艺百科全书"。

历史似乎只是简单记录了一系列历史事件，但其实背后蕴含了民族文化和精神的传承。优秀的传统文化记录了丰富的命运、人性、方法论等知识。无论是对国家还是个人而言，都可以从中获得宝贵的历史经验、重要的人生哲理和处世智慧，从而避免走弯路，直达成功顶点。

首先，学习历史可以加强民族文化认同感，提高民族自信心和自豪感，这源于爱国主义。只有深入了解自己的国家和民族，才能更好地继承优秀的传统文化和精神，与国家共荣辱，为国家繁荣昌盛而奋勇拼搏。

其次，学习历史意义重大。我们最初的价值观形成来自对历史人物的是非善恶的评判，以及生活中的点滴。例如，当你被某个优秀的历史人物所吸引时，要么是钦佩其所作所为，要么是被其精神所折服，这些都将会无形地影响着你的价值观。同时，在这个日新月异的时代，不忘本，方能更好地创造未来。继承和发扬中华民族优秀历史文化是每个中国人的使命，更重要的是学习历史。去其糟粕，取其精华，让人更加明智，避免走弯路，不再犯同样的错误；勇敢尝试，积极实践，继续对外开放，促进企业文化的建设和传播，增强国家实力，推进国家发展。落后就会受挫，因此，我们必须大力发展国民经济，进一步提高中华民族的竞争力。

综上所述，历史的作用和意义深远，一直在潜移默化地影响着我们的思想和行为。在前进的路上，"前事不忘，后事之师"，历史犹如明灯，为我们指引前进的方向。

4. 学史明理

◎ 4.1 教师在教学过程中应该注意的细节

随着当代社会的不断进步与历史的演变，弘扬历史文化、传承民族精神与文化认同感已成为重中之重。但教学过程中遇到的错误知识点是难免的，比如有人错误地认为女真族以游牧为主，但实际上，女真族更重视种植农作物，农业发展规模超过了畜牧业。因此，将女真族视为草原上的游牧民族是不准确的。

本书主要探讨如何发掘历史文化的价值，以及民族精神和文化认同感的重要性。我们应该深入学习历史知识，同时防止误导和混淆。尤其是在历史古装剧大量涌现后，剧情常常被改编，容易扭曲真实历史情况。保持历史的真实性和准确性对于社会的发展至关重要，我们必须采取措施来促进历史文化的传承和发展。

在处理历史知识摘要中的错误时，教师有责任采取正确的方法将真实的历史知识传授给学生，并且必须格外注意史料的真实性。在教学过程中，教师可以将错误的知识摘要带到课堂上，并引导学生自主学习，分组进行探讨。通过引导学生自由阅读相关的书籍或史料，发表个人的观点，并进行交流和讨论，从而引导学生自主发现其中的错误。此外，教师还应引导学生深入思考，将错误的历史知识与正确的知识进行对比，分析异同点，并不断培养学生的思辨能力。总的来说，教师应该全心全意地授课、采用正确的教学方法来传授真实的历史知识，帮助学生形成正确的历史观念，提高学生的历史素养。

◎ 4.2 如何激发学生学习历史的兴趣

历史是一扇开启智慧之门的钥匙，但为何会有那么多人不愿意自发去学习呢？即使下定决心要好好学，也难以坚持到底。这样的难题在实际的历史教学中十分常见。或许是因为历史距离现代较远，学生难以身临其境感受当时的情境，加上有些晦涩难懂的言辞，会让人有畏难心理。也有可能是由于教师采用的教学方法出现了偏差，无法激发学生对历史的兴趣。

俗话说："兴趣是动力之源，是学习之母。"要想学生爱上历史，就必须激发学生自发学习历史的兴趣，那么具体该如何做呢？

首先，可以设置生动有趣的导入环节，快速吸引学生的眼球，活跃课堂气氛；其次，在教学过程中，应加强师生互动，以学生为主体，可将所授的历史知识编成"顺口溜"，或者采用游戏或 PK 方式让学生进行合作学习。例如，可以一起演绎历史小故事，或者共同表演一场历史大戏；再者，定期组织学生参观历史基地或实地考察，或者观看历史电影。毕竟单纯靠书本汲取知识，时间久了难免会变得枯燥无味，适当改变教学方式可以带来新鲜感，并且让学习历史变得生动有趣。

最后，如果条件允许，可以利用校内外资源，增加学生的社会实践机会，把从历史中学习的知识运用到生活中，帮助学生有效地解决问题。只有这样，学生才能有成就感，更能明白学习历史的重要性，从而发自内心地爱上历史。

"方法不对，努力白费。"作为历史教师应教会学生更多学习历史的好方法。因为只有掌握了轻松有效的学习方法，感受到乐趣，学生才能自发地将被动学习转为主动学习。当然，教学有法，但无定法，因材施教也十分重要。教师应根据学生不同的水平，制定相应的辅导计划，不能一刀切，否则容易打击部分学生的积极性，从而让他们对历史产生抵触心理。对于基础好的学生，教师可以布置难度相对高的作业，例如开放式和对比式的习题，鼓励学生通过自学，绘制完整的历史思维导图，并从多角度去全面分析不同朝代的兴亡异同点等，提高学生的思辨能力。对于基础薄弱的学生，教师应以基础性作业为主，教授简单有效的学习方法，加强识记，不断夯实基础，不断帮助学生建构历史知识体系。

教育心理学专家曾经提到过："认知兴趣是学习动机的最现实和最活跃的成分。兴趣是最好的老师。"因此，教师们必须激发学生内在的学习兴趣，最大限度地发掘学生自身的主观性，将历史学习变得更加生动、简单且有趣。

随着社会的不断发展和科技的飞速进步，将科技成果与历史学习紧密结合，可谓功效显著，令人惊叹不已。

不久前，我的孩子邀请我前往参加一次 VR 体验，并带着极大的期待表示一定会令我大吃一惊。在那之前，我对 VR 一无所知，并没有太在意孩子的话。但当我带上 VR 眼镜时，着实眼前一亮，所看到的环境竟是我既陌生又熟悉的清道光年代。所谓熟悉，是因为此刻我看到的是曾被历史书记载的场景。而所谓陌生，是因为我身临其境，感觉如此真实，令我内心充满激动。在电视上看到的场景或许已经熟悉得不能再熟悉，但置身情境中，与肉眼所见之感完全不同。我听到阵阵咳嗽和喘息声，感受到刺鼻的烟味，看到那些神情迷离、瘦弱萎靡的人群。这些人都是鸦片上瘾者，在历史书中被广泛记载。

看到这里，我不由自主地握紧了拳头，心中怒火难以抑制。转眼间，场景已经转到了公元 1600 年，我看到东印度公司在得到英国政府的支持后，开始在印度进行垄断贸易。他们通过训练雇佣军和收买印度封建官员，成功实现了殖民印度的企图。印度被殖民后，这些殖民者强迫农民种植鸦片，再将鸦片走私到中国。看到这里，我内心深感愤怒，仿佛有怒火在胸腔中爆发。这或许就是弱者的命运，被打压和侵蚀。如此一来，中国便开始了吸食鸦片的风潮，从而开启了中国现代史上的耻辱一页。

看着眼前的楼房，破败不堪，我感受到内心的苦痛，感到被历史的残酷扭曲了。虽然我在历史书上、电影电视剧中已无数次看过这些场景，但当我亲身置身其中，那股痛苦无法用简单的文字或影像来描述。那股痛，仿佛深入了我的骨髓，割破了我的心脏。如此的痛苦无法以任何方式来宣泄。影片结束时，当我取下 VR 眼镜时，我与孩子的目光交汇，眼中都闪烁着悲伤和愤怒的泪水。

这次深刻的经历让我对科技发展有了新的认识。虽然我们曾也无数次幻想穿越回历史的现场，但远远比不上"身临其境"、融入其中更好地领悟历史的真谛。历史不仅仅是文字遗留下来的痕迹，更包含荣誉和耻辱、悲欢离合、残酷和期待。辨别历史的真伪同样需要观察者的主观理解与认知，方能真正领悟历史的意义。

正因为有了身临其境般的感知，我们才能够更加深刻地理解和认知，这种深度的认知已渗透到我们的内心深处，唤醒我们内在的灵魂。作为教师，我们期望能够通过这种灵魂的觉醒来达到教育的目的。同时，这次体验也让我深刻认识到自己作为教师还存在不足之处，历史教育需要深入思考人类灵魂的深处，也需要以上帝的视角去观察历史，才能真正领略历史的内涵，领悟历史所留存的意义。

　　历史是一面镜子，反映了人类社会的发展和演变。每个事件、每个个体、每个故事都有其自身的起因、经过、发展和结局，蕴含着无尽的历史智慧和人类经验。所以要深入理解历史，需要进行逻辑分析和多方位思考，探索历史背后的深层次内涵和人类行为的根源。

　　在如今这个信息快速流动的时代，我们的学生需要具备高效的分析能力和创新精神，才能在未来的社会实践中更好地运用历史的经验和智慧。因此，我们注重对学生进行全面多层次的培养和锻炼，着重培养他们的逻辑思维能力、分析能力和创新精神，以达到更好地理解和应用历史知识的目的。

　　培养学生理解历史的过程，也是培养他们全面发展的过程。历史知识的获取需要广博的学识和扎实的基础，而逻辑分析和多方位思考则需要具备开放和包容的心态和思维方式。我们希望通过历史教育，培养学生的思辨能力、综合能力和创造力，让他们成为具备创造性和开拓性的人才，并为社会发展和进步做出积极的贡献。

　　在历史教育中，我们要注重开放和多元化的教学方式，鼓励学生积极思考、提出问题、提出自己的见解和观点，做到理性思考、独立思考和自主学习。同时，我们也要注重学生综合素质的培养，加强实践教学，提高学生的实践能力和创新能力，让他们不仅在理论层面理解历史，更能在实践中感受和领悟历史，从而更好地应用历史的智慧和经验。

在历史教育中，我们要注重培养学生的人文情怀和社会责任感。我们希望学生在学习历史的过程中，能够感受到人类智慧和美学的独特魅力，理解历史与文化的内在联系，了解历史对社会发展和进步的意义与贡献。当然，我们也要启发学生对社会问题进行自主思考，激发他们的社会责任感和使命感，让他们能够以积极向上的心态，为社会发展和进步做出自己的贡献。

总之，历史教育是培养学生全面发展和成长的重要途径，也是提高学生综合素质和社会价值的有力手段。我们既要注重培养学生的逻辑思维、分析能力和创新精神，加强实践教学，提高学生的实践能力和创新能力，同时又要启发学生的人文情怀和社会责任感，让他们在学习历史的过程中成为具备创造性和开拓性的人才，成为为社会发展和进步做出积极贡献的新型人才。

第十章 作者的话

一、关于古代历史文化学习的总结

涂山是中华文明的孕育之地，夏朝时期中华文明的种子在这里生根发芽，为中华文明奠定了基石。历经漫长岁月，中华文明拥有五千年的树龄，历史上的沧桑与风雨磨砺着其树干。从夏益到夏启，中华文明体现了"家天下"的生长基调。

在周礼的指引下，中华文明一路向前朝着既定方向不断发展。随着时代的变迁和不同思想的竞争，儒、法、道、墨等思想与政治开始竞相生长。春秋战国时期，中华文明迎来了众多思想和改变政治走向的发展。始皇焚书坑儒，尊重法家思想。随后汉高祖发扬光大黄老道法，证实道家思想的可行性。

在不断生长的过程中，中华文明也遭遇了停滞不前的时刻。五代十国时期，武官当道，礼法不论，不谈治国，儒家思想占统治地位的稳定局面被打破，预示着新的政治主张的崛起。但宋太祖夺位建立宋朝后，抬高文人地位而削弱武官权力，这一举措稳定了文明树的生长，并为儒学的发展奠定了基础。随后，程朱理学的出现无疑是儒学枝干上长出的美丽花朵。

元朝时期，由于汉文化中的礼法教化与文化传统与少数民族崇尚武力的对冲，儒学遭受冷落。直到明清时期，儒学再度被拾起来，以维持社会安定。但也因此，中华文明为之付出了科技落后的代价。西方的先进武器轰开了国门，打破了数千年传承修正下来的国内稳定政治局面。新文化运动掀起了墨家思想的浪潮，最终过渡到更为先进的马克思主义，至此确立新中国政治大体生长方向。

然而，千年儒学的生长土壤依然存在，无法瞬间改变方向，只能通过时间逐步转向。如今，西方自由思想大量传入，对儒学封闭自守的思想形成了巨大冲击。然而，很多人只是简单地批判儒学，而未能理性思考儒学在历史发展中的作用以及在当时的社会环境下的必然性。这种行为无限放大传统思想的缺点，忽视其在原时代起到的作用，只会带来个人文化自信的全面崩盘与独立思考能力的丧失。

历史的重要性在于其中蕴含着无限可能性。在人类文明发展的漫长历程中，我们学习历史的目的不仅仅是了解历史的真相，更重要的是要去探究历史背后的深层原因和内在逻辑。我们需要去思考、去追问：为什么要让位于启？为什么中国文明会从禅让到家天下，为什么要中央集权？这些选择是时代的必然，还是人们个人的选择？

很多人都对历史充满了好奇心，他们想象自己身处于历史的时代背景中，想象自己是一位历史名人，思考自己会做出怎样的选择。如果我们站在历史的全局来看，中央集权似乎是当时国情下最理性的选择，然而历史的发展依然是充满不确定性的。当时的历史演进过程并非是一个单一的轨迹，而是由许多的变量和可能性共同作用的结果。所以，无论出于何种原因，中国历史都不可避免地走向了专制的局面。

历史上伟大皇帝的决策并不一定是最优的，但无疑是一个统筹全局下最好的选择。同样的道理也适用于古代思想，无论是道法还是儒学，它们都有自己的局限性和优势。这些思想是它们的提出者在特定的时代和个人眼界下的最佳选择，而历史的演变也一一证明了这些思想的有效性。

然而，现代许多年轻人往往会以新时代的角度去批判旧时代的人物和思想，这实际上是背离了学习历史的初衷。

当今我们对历史的学习应该关注的不是古人的具体思想或主张,而是要理解那些思想家如何提出超越时代的思想,感受他们独特的眼界和心态智慧魅力。

古代思想的时效性是不可避免的,它们有时代的限制,也受社会现象和整体大局影响的限制。每种思想又是哪些先哲们通过观察社会某种现象和整体大局之后所提出的政治主张?是为了解决或适应哪种现象或矛盾而产生?当我们在批判这些思想过时的时候,必然是因为这些现象发生了改变,其思想无法再对应或解决这些矛盾了。

我举一个具体的例子,介绍我的一位学生小C参加辩论队时所提出的一个辩题:门当户对是否是一种过时的婚恋观。作为一种思想潮流,门当户对在一种阶级固化的社会背景下出现。在那个时代,底层人缺乏阶级流动的机会,而上层人为了保障生活质量和基本生理需求,不愿意与中层人结婚,中层人也不愿意与底层人结婚。这导致门当户对成了一种自然而然的社会现象,并被总结为一种婚恋观念。然而,随着中国改革开放的快速发展,阶层之间的障碍被打破,穷小子变成了社会中产阶级,每个人都有了无限的可能。因此,门当户对这种婚姻观念也逐渐失去了普及性,自由恋爱的思想成了主流。

门当户对实际上是儒家等级制度下衍生出的一种观念

和做法，它的出现是一种自然的社会现象，同样它的破灭也只是社会发展的自然结果。与其评判这种现象本身，不如思考它产生的根源和未来的发展。随着时代的发展，原来的指导思想的没落已经是必然。每一种思想都有其局限和弊端。如果我们将重点放在对思想发起者的诋毁和谩骂上，那不如去探讨旧社会思想存在的原因和问题所在。

如今，网友们受到了西方所谓的自主思考的影响，但却常常被引导走向偏激。更有甚者，西方哲学家以黑格尔为代表，对孔子进行批判。这种批判实质上是对千年来礼法压制和封建思想残留的不满的爆发。然而，与此同时，却几乎是全盘接受西方哲学，全面否定中国古典哲学。这样的思考方向是否正确确实值得商榷。从历史的角度来看，一种思想是根据某种社会现象或统治需求而产生的。总的来说，它只是立足于那个时代的思想而已。今天，站在两千年后的今天，去批判两千年前的孔子思想，其实是一件非常嘲讽的事情。用如今的眼界和见识去鄙视孔子，就好像站在巨人的肩膀上去嘲笑他。这也违背了我们学习历史的初衷。回到孔子所处的时代，去思考他最初提出自己思想和政治主张的过程。黑格尔批评孔子思想的简单性。在那个时代，人性中的道德尚未被人提出，违背生物本质规律的行为也时有出现。孔子率先从人性深处发现了真正的善良之美，并试图用言辞和礼法教条来引导出来。因此，他是第一位圣人。

以上是对辩题"门当户对是不是一种过时的婚恋观"的回答。我们需要注意的是，每一种思想都有其局限和弊端。我们的责任是不断地探索和发现真正有用的东西，而不是简单地否定旧有思想体系。

在某个时代的另一地域，苏格拉底也在向周围的人传授他所发现的人性深处最本质的先于人类出现的真善美。不过，由于地域和国情的不同，他和孔子在具体制度的体现上有所差异。有些网友受到现代先进思想的熏陶，感受到现代制度的美好，因此批判孔子所提出的限制国家科技与民主发展的思想主张。然而，在当时的中国专制背景下，一切都是合理的。即使不是孔子，后来也会有其他人提出这个思想。就像即使不是中国，西方国家也会有人去探究人性深处的本质，因为它本就存在于人性的深处，是生物规律的一部分。在中国，只是这种规律结合了中国国情成了专制集权的工具，在西方则成了哲学的基础。

然而，影视文化作品又好似另一个极端，受儒家礼法约束，它们所播出和所演绎的总是一贯对儒学的赞扬。真正的思想价值隐藏于影片和批判者之间。本书的目的是通过历史影视作品的弊病来分析历史中深邃的意蕴。前书中列举的各种影视作品并不是为了去批判它们本身，相反，它们在文化领域和娱乐方面都有着各自的价值，只是这些作品中存在一些为了情节流畅或吸引眼球而改编或创造的历史内容，这些内容的传播往往会导致观众对正史的偏差，对历史深藏的意蕴无法理解等问题。本书旨在解决这些问题，通过对正史内容和影视作品进行比较和讨论，引发对正史的深入思考。

可以发现影视作品在改编时存在的一个普遍现象，即改编或填充进去的人文细节故事展示的是现代的价值观和文化观，而作品中其他按正史演绎的情节又表现出另一种价值观，这很容易导致时代价值体系的偏差。例如，《秦颂》这部电影的艺术表现效果非常好，但在荆轲刺秦的情节中却删去了田光，这样就缺少了一个时代价值体系的突出代表，似乎这段历史的演绎也失去了其味道。全片中秦王和高渐离的情感表现充满了现代价值体系的味道，而这在两千年前是不合时宜的。本书旨在纠正这种偏差，同时希望读者在观看历史改编影视作品时能够有更多深入的思考。

为了保证影视作品的逻辑自洽性，不可避免地需要对历史进行改动和填补空缺。然而改动后的作品可能不符合正史记载，甚至违背了时代的发展规律。因此，将影视作品与正史内容进行比较，可以很好地反映出古今价值观的变迁。这只是一个简单的例子，读者也可以通过自己的努力，将喜欢的历史电影与正统历史进行对比，获得不同的感受。

每个时代都有其独特的历史基础、不同的边界范围、不同的文化倾向。每一种特点都对应着一种特殊的人生意义价值体系。我们学习历史的方法有很多种，例如使用类比法，将整段历史串联为一棵树或者一颗水晶球。试想，千年历史朝代在一颗水晶球中流转，将抽象的文字具象化为影像，并从影像中去感受历史的变迁，理解朝代的风向。从局外的角度去观察和探索，看着那些充满热血，以各种方式、各种理念生存的历史人物，去探索他们是在怎样的历史基础下，形成了怎样的人生意义价值体系？又是通过怎样的方式实现的呢？

人生本身是无意义的，随着年龄的增长，这一点变得更加明显。但是，人生并不应该是无意义的。历朝历代著名的历史人物都在不断追求人生意义，无论是儒学还是道法，他们总是通过各种方式，在不同的时代中验证一种意义体系对于自己的真实性，然后用尽一生去追求这种意义。人们总是想要留下些什么，以证明自己曾经存在过。因此，"不朽"几乎成为举世公认的意义。而历史上几乎所有人生意义实现的终点，就是"不朽"。当然，这里可能存在

幸存者偏差，因为没有实现"不朽"的历史人物，那些追求不朽的人早已经化为历史的尘埃

二、关于历史的练习与方式

学习和练习历史并不是简单地依赖填鸭式记忆，而应流畅地以一个局外人的视角去观察历史。当然，最佳方式是用一台极佳的望远镜去几千光年外的地方观察历史，但这显然是不可能的。因此，我们只能尽可能地依靠文字，在脑中重现连贯的历史情境。有时候这也是相当困难的，所以需要一些特定的练习。

为了在脑中形成具体的情景重现，我们需要对时代有一个整体的认识。从空间开始，我们应该尝试自己绘制地图，绘制整个历史变迁的地图。从古至今，中国疆域发生过多次变化，从小到大，从分裂到统一，又分裂又到再统一。同时，北方少数民族也常常南下入侵。因此，系统学习历史的第一个难点实际上在于对历史各国版图的变迁的认识。很多人学习历史时经常忽略这一步，因此一旦涉及春秋战国，或是五代十国等时局较为混乱的年代，就会感到太难而失去兴趣。但是，如果我们能够绘制出春秋各国疆域地图，去理解历史人物所提出的各种政治主张，就会

多一分理解。这些地图并不需要绘制得非常复杂，可以简单地将各国版图简化为方块状，重点在于体现各国的大小差异与方位。

　　学生的课后练习方式可以因人而异，很难一概而论，但本书仍提供以下几种行之有效的方式供参考。对于中学阶段的学生，如果上课时间充裕，教师可以分出一些学生进行分组，让学生在课前五分钟表演小剧场，以最真实或最灵动的方式还原历史的真相和人物的情感取向。在准备过程中，学生需要尽可能地了解自己所扮演角色的情感特征以及角色所处环境的细节和气候，引导学生体会身临其境的真实感受，并且加入自己所扮演角色的权力因素，思考会有怎样的情感基底。如此一来，学生便能逐渐接近历史上的真实人物，切勿在意后人如何评价该角色，也不要从评论的角度去表演，切忌先给人物贴上某一个标签后再照着标签去表演。相反，学生应该深入体会所扮演角色的一生经历，切身体验后再与伙伴进行表演。教师可以根据时间和队伍数量来匹配历史事件，对于整体事件的真实性可以不必过分执着，不只是历史细节，如果学生有心在历史中带入自己过往的人生历程演绎出全新的历史，也应该予以充分赞扬。历史不是一摊固定的死物，而是流动的河水，应该充分发扬历史的深度和活力。

　　历史乃是一门错综复杂的学科，每一个历史事件都是相互关联的，若改变人物或情节，整段历史或将被改变。每一个历史节点都有多重可能性，而现今的国家只是众多可能性中的一种。历史并非仅仅是简单地叙述，而是蕴含着深刻的教诲与真理。这些教诲与真理隐藏在历史人物与事件的细节之中，无论是电影还是小说都无法完美地展现出来。因此，我们需要深入挖掘历史，通过个人实践来体悟其中的真谛。

　　"道可道，非常道"，这是老子在其经典著作中所述的，历代的历史解释与现代文化艺术作品皆属老子所谓的第二层次，只是在特定的时间、人群与情感状态下的"非常道"，而真正的道理需要亲身体悟才能理解透彻。此外，时间方面的练习也非常重要，可以通过阅读编年体通史，例如《左传》《资治通鉴》等书籍，培养对历史变迁的敏感性。同时结合地图制作，将地图与历史事件的时间相对应。例如，在战国时期，通过绘制各国版图，可以推断秦孝文王最终选择司马错主张的原因，并且可以演绎如果"选择张仪的主张"，则结果将会如何。学生也可以将春秋战国时期以五十年为一个时间段，绘制每个时间段中原各国的版图，并且在地图上感受历史事件的发生，体会那个时代人们的思想和政治主张，这些练习可以帮助人们更深入地了解历史，并且加深对历史的认知和理解。

历史上留下了许多珍贵的遗产，其中包含着源远流长的中华文化积淀。我们期望年轻一代能够巧妙地运用所学的历史知识，向全球展示优秀的中华文化，不负时光荏苒，不负韶华！

参考文献

[1]（明）李清.三垣笔记[M].北京：中华书局，1982.

[2]（战国）墨子.墨子[M].延吉：延边大学出版社，2001.

[3]（西汉）司马迁.史记[M].哈尔滨：黑龙江人民出版社，2006.

[4]（明）许仲琳.封神榜[M].北京：大众文艺出版社，2008.

[5]（春秋）孔子.尚书[M].呼和浩特：内蒙古人民出版社，2008.

[6]（宋）司马光.资治通鉴[M].北京：中华书局，2009.

[7]（晋）陈寿.三国志[M].北京：中华书局，2010.

[8]（东汉）班固.汉书[M].长春：吉林文史出版社，2010.

[9]（南北朝）范晔.后汉书[M].长春：吉林文史出版社，2010.

[10]（西汉）司马迁.二十四史[M].呼和浩特：内蒙古人

民出版社，2010.

[11]（明）罗贯中.三国演义[M].海口：南海出版社，2013.

[12]（春秋）孔子.春秋[M].长春：吉林文史出版社，2017.

[13]（春秋）老子.道德经[M].北京：中国华侨出版社，2018.